AF261827

UNE CAMPAGNE DE TROIS ANNÉES

AU SERVICE VICINAL

DU DÉPARTEMENT DE LA SEINE

PAR

M. J. BELLOM

ANCIEN ÉLÈVE DE L'ÉCOLE POLYTECHNIQUE
INGÉNIEUR EN CHEF DES PONTS ET CHAUSSÉES
ANCIEN AGENT VOYER EN CHEF DU DÉPARTEMENT DE LA SEINE
CHEVALIER DE LA LÉGION D'HONNEUR
INGÉNIEUR EN CHEF DES CHEMINS DE FER DE PICARDIE ET FLANDRES

DEUXIÈME ÉDITION

PARIS

IMPRIMERIE ET LIBRAIRIE JULES BOYER

11, RUE NEUVE-SAINT-AUGUSTIN, 11

1876

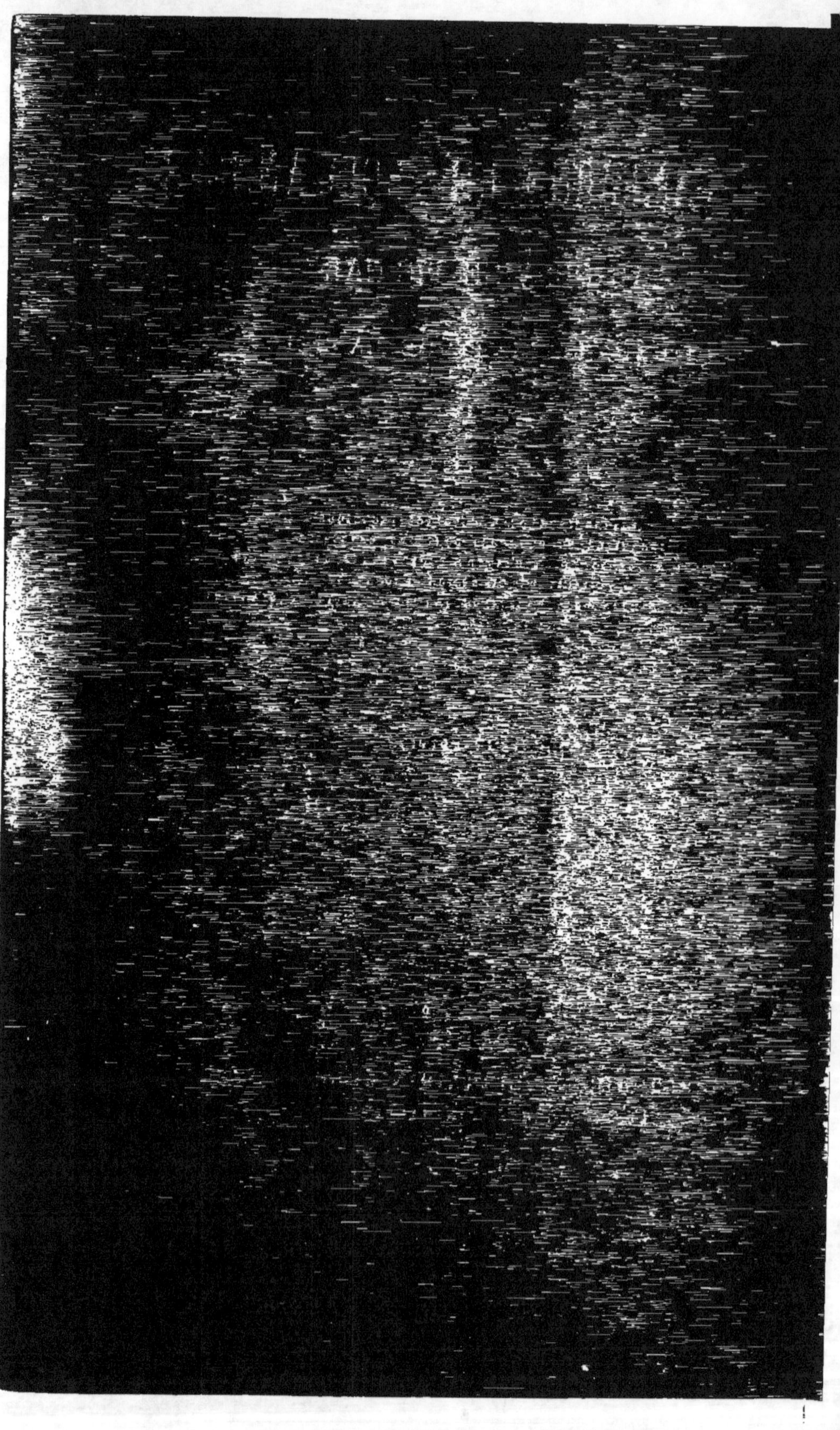

UNE CAMPAGNE DE TROIS ANNÉES

AU SERVICE VICINAL

DU DÉPARTEMENT DE LA SEINE

PAR

M. J. BELLOM

ANCIEN ÉLÈVE DE L'ÉCOLE POLYTECHNIQUE
INGÉNIEUR EN CHEF DES PONTS ET CHAUSSÉES
ANCIEN AGENT VOYER EN CHEF DU DÉPARTEMENT DE LA SEINE
CHEVALIER DE LA LÉGION D'HONNEUR
INGÉNIEUR EN CHEF DES CHEMINS DE FER DE PICARDIE ET FLANDRES

DEUXIÈME ÉDITION

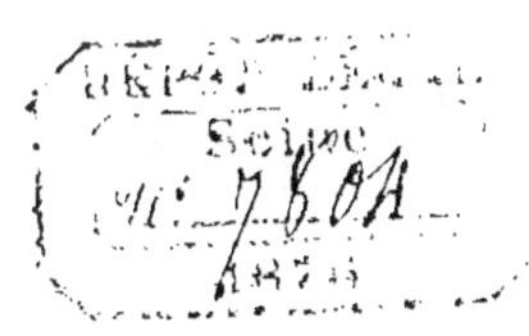

PARIS

IMPRIMERIE ET LIBRAIRIE JULES BOYER

11, RUE NEUVE-SAINT-AUGUSTIN, 11

1876

PRÉFACE DE LA DEUXIÈME ÉDITION

La première édition de cet opuscule avait pour objectif ma réhabilitation.

La seconde a pour but d'en exposer tous les détails.

Ces détails ne manquent pas d'intérêt, au moins pour tous les cœurs honnêtes.

Un ancien élève de l'École polytechnique ; ingénieur en chef des ponts et chaussées ; artisan de sa modeste position, conquise, après plus de trente années de services, par un travail persévérant, désintéressé, patriotique et opiniâtre ; porteur d'un nom honorable et sans tache; était inopinément frappé, comme un prévaricateur, par un de ces arrêts iniques que la haine et la jalousie arrachent quelquefois à l'omnipotence arbitraire.

Il devait à cette École, où il a fait ses premières études, à ce corps honorable des ponts et chaussées auquel il appartient et dans lequel assurément on compte les défaillances, au nom même qu'il porte et qui n'a jamais subi la plus légère atteinte, de repousser l'outrage avec l'indomptable énergie et le suprême dédain qu'inspire à une conscience honnête le sentiment du devoir accompli et de la justice ouvertement méconnue.

Le succès a couronné ses efforts, — succès le plus complet et le plus décisif.

C'est pourquoi je publie cette seconde édition, voulant d'une part montrer combien j'ai eu raison de publier la première, et de l'autre écarter tout nuage autour de ce conflit.

Ceux que la haine a emportés, et à la confusion desquels a tourné cette affaire, n'ont à s'en prendre qu'à eux-mêmes de ce que leurs tristes combinaisons ont si misérablement échoué.

Cet insuccès leur prouvera que la force, heureusement, ne prime pas toujours le droit.

Qu'ils méditent ce passage d'une récente circulaire, adressée par l'honorable M. Ricard, ministre de l'Intérieur, aux préfets de notre jeune République (1) :

« Dans l'exercice des pouvoirs qui vous appartiennent,
« vous ne rechercherez pas des prétextes pour sacrifier
« légèrement des droits individuels d'autant plus sacrés
« qu'ils sont les droits des faibles. »

Voilà de belles et saines paroles !

Voilà une bonne et salutaire leçon donnée à certains coryphées de l'ancienne administration, demeurés jusqu'ici dans la nouvelle !

Que n'ont-elles été prononcées, que n'ont-elles été surtout pratiquées un peu plus tôt par quelques-uns de ceux auxquels un ministre républicain les adressait naguère avec tant d'à-propos !

(1) Circulaire du 6 mai 1876.

AVANT-PROPOS

Nos lois sont ainsi faites que certains fonctionnaires de l'ordre administratif, arrachés à leurs fonctions, n'ont aucun moyen légal d'attaquer la décision qui les frappe, cette décision fût-elle inique et passionnée au premier chef.

Ils ne peuvent même, le plus souvent, connaître les motifs de leur révocation, et, chose à coup sûr très-regrettable, ils le peuvent d'autant moins que ces motifs sont plus futiles ou plus inavouables.

C'est là, sans contredit, dans notre administration française un vice capital à ajouter à bien d'autres.

Le règne de l'arbitraire n'est pas en effet de nature à encourager les efforts, et la fragilité des situations provoque les défaillances et quelquefois plus encore.

Un jour viendra peut-être où des garanties seront données à tous ceux qui consacrent leur vie aux emplois de l'administration civile et où la stabilité de ces emplois ne sera plus subordonnée à la décision sans contrôle de chefs égarés quelquefois par d'injustes préventions. Ce jour-là constituera pour l'administration le début d'une période, inconnue jusqu'ici, de franchise et de progrès. Il n'y aura plus alors que la vérité pour les grands comme pour les petits, pour les bons comme pour les mauvais.

Puisse arriver ce jour, et tous les bons serviteurs de l'État, du Département, de la Commune, réconfortés, rassurés, puiseront une énergie nouvelle dans la confiance qu'inspirent au cœur de tous l'espoir de la justice et le respect de la vérité !

Qu'est-ce en effet que l'État, le Département, la Commune, sinon la collectivité des intérêts les plus sacrés et les plus respectables, puisqu'ils sont ceux de tous et de chacun ? Et à qui doit être déléguée la délicate gestion de ces grands intérêts, si ce n'est aux plus dignes, aux plus intègres, aux plus capables ?

Le fonctionnaire public devrait donc émaner parmi nous, à toutes les périodes de sa carrière, d'une sélection constante parmi les meilleurs et les plus méritants; il devrait être assuré du lendemain pourvu qu'il le mérite; il devrait être poli, conciliant, capable, ardent au travail, exclusivement préoccupé des devoirs de son emploi, se considérer enfin comme le véritable homme d'affaires et le fondé de pouvoirs de ses concitoyens.

Pouvons-nous affirmer qu'il en soit toujours ainsi parmi nous ? Assurément non. Ne voyons-nous pas chaque jour des employés qui se considèrent comme investis, vis-à-vis du public, d'une sorte de pouvoir discrétionnaire sans se souvenir que c'est le public qui les paie ? qui substituent l'impolitesse à l'urbanité, la brusquerie à la complaisance, la paresse au travail, l'indifférence à l'amour de leurs fonctions ?

Oui, tant que, dans notre pays, les droits du fonctionnaire ne seront pas sauvegardés, la faveur ou le bon plaisir pourront être substitués à l'impartiale équité chez les chefs, comme l'insouciance usurpera chez les autres la place du travail.

Je me rappelle avoir entendu un fonctionnaire que je pourrais nommer, remarquable par son intelligence et par ses débuts laborieux, apte à rendre partout les plus excellents services, soutenir, quelques années plus tard, la thèse de l'indifférence en matière d'administration publique. D'abord franchement et loyalement dévoué à son œuvre, puis dégoûté de la pratique de son emploi par les désillusions et l'expérience, il prétendait, avec une insistance malheureusement trop justifiée, qu'on était plus apprécié et plus certain de plaire aux chefs avec moins de travail, mais avec une certaine dose de complaisances, qu'en remplissant ses fonctions avec ardeur et confiance. Hélas ! il était trop dans le vrai, et il est arrivé, tandis que d'autres, plus naïvement laborieux, sont restés en chemin.

Il y aurait assurément beaucoup à dire encore sur ce chapitre ; il y aurait à examiner, notamment, pourquoi le fonctionnaire public modifie le plus souvent ses allures lorsqu'il échange son emploi contre celui d'une industrie privée ; à quelles causes on doit attribuer ce revirement subit ; quel moyen serait le plus propre à développer en lui, dans son service officiel, les qualités dont il fait preuve alors qu'il en est sorti.

Ce serait une étude philosophique à coup sûr des plus

intéressantes, et j'en ferai peut-être l'objet d'un travail ultérieur.

Ce qu'il importe le plus de constater aujourd'hui, c'est que, depuis quelques années, les faits n'ont que trop péremptoirement démontré la vérité des affirmations qui précèdent et que reconnaissent bien, dans leur for intérieur, les adversaires les plus ardents de la rénovation administrative ; s'ils restent partisans de l'inertie traditionnelle, c'est parce qu'ils ont un intérêt direct ou détourné à ce que les choses ne changent pas.

Dans toutes les administrations où la spécialité des connaissances en fournit le moyen, nous avons vu, en effet, et nous voyons chaque jour ce qu'il y a de plus intelligent, de plus vivant, de plus capable et de plus laborieux, se dérober, dès que cela est possible, aux services officiels, les uns, parce que la modicité des émoluments ne suffit pas à leurs besoins, les autres, parce que le dégoût des passe-droits, les rivalités, les injustices imméritées inspirent une résolution que l'espérance d'un meilleur avenir, si tardive qu'elle soit, les aurait aidés à combattre.

C'est ainsi que nos administrations ont perdu leurs meilleurs sujets et qu'elles les perdent chaque jour, lorsque l'État pourrait et devrait tirer profit d'une expérience acquise à ses dépens ; c'est ainsi qu'on s'empresse de porter ailleurs ses services, parce qu'on les y récompense mieux de toutes les manières, par l'argent et par les égards.

C'est un profond regret pour l'auteur de cet écrit d'avoir à exposer ces choses.

Pour lui, l'administration publique devrait être, à tous les degrés, dotée des capacités les plus reconnues et des honorabilités les plus incontestées. Loin de rester inférieure sous ce rapport aux administrations privées, elle devrait offrir partout le modèle et le type de la perfection.

Or, ce but n'est pas aussi difficile à atteindre que quelques esprits, partisans de l'immobilité ou intéressés à l'être, voudraient bien le faire croire, et quelques années suffiraient à y arriver si l'on se mettait résolûment à l'œuvre ; si l'on réduisait le nombre des emplois publics pour augmenter les traitements sans obérer le budget ; si des relations sévères, mais cordiales et franches, unissaient les chefs et les subordonnés ; si à l'arbitraire, à la duplicité, à la faveur, on substituait ce mot consolateur :

La Justice !

C'est cette seule corde que je veux faire vibrer aujourd'hui.

UNE CAMPAGNE DE TROIS ANNÉES

AU SERVICE VICINAL

DU DÉPARTEMENT DE LA SEINE

I

Révoqué le 28 janvier 1875 par M. Ferdinand Duval, préfet de la Seine, des fonctions d'agent-voyer en chef de ce département, à partir du 1ᵉʳ février suivant ;

Frappé inopinément pour des motifs encore secrets et que, malgré mon insistance, je n'ai pu obtenir de M. le Préfet ;

Privé de tout emploi depuis le 1ᵉʳ février, parce que M. le Ministre des Travaux publics conteste à M. le Préfet le droit de remettre brusquement à sa disposition un Ingénieur en chef des ponts et chaussées dont il avait lui-même demandé le concours, et décide en même temps que, jusqu'à ma rentrée dans les cadres de l'Administration, c'est au département de la Seine à assurer mon traitement d'agent-voyer en chef ;

Atteint, après 30 années de bons et loyaux services, dans

mes intérêts, dans ma carrière, dans l'honorabilité de mon caractère ;

Je crois avoir le droit de me défendre.

Ai-je jamais manqué à mes devoirs ou suis-je uniquement victime d'inconcevables rancunes et d'un injuste aveuglement ?

Dans le premier cas je n'ai pas à me plaindre ; mais j'ai le droit de connaître et de combattre les faits probablement très-graves qui me sont reprochés et qui justifieraient la décision préfectorale.

Dans le second, iniquement frappé, j'ai incontestablement droit à la réparation d'un préjudice considérable et tout à fait immérité.

Vainement j'ai demandé à M. Ferdinand Duval de me faire connaître les motifs de ma révocation ; je n'ai pu obtenir de réponse.

Je suis donc aujourd'hui contraint de m'adresser directement au Conseil général de la Seine, dont le verdict, je n'en doute pas, me permettra de marcher le front haut, et lavera la tache qu'y a imprimée une décision prise sans motifs légitimes, que je suis autorisé du moins à considérer comme telle aussi longtemps qu'on se refusera à me les faire connaître.

Je m'adresse à ce Conseil, non-seulement parce qu'il a été au courant des moindres détails du service vicinal, mais surtout parce qu'il s'agit d'une question budgétaire qui rentre dans sa compétence exclusive.

Si, en effet, ma culpabilité est démontrée, je n'ai rien à prétendre ; mais si elle ne l'est pas, s'il est reconnu au contraire que la volonté seule de M. le Préfet, strictement légale en fait, je le reconnais, mais non motivée jusqu'à présent au point de vue d'une explication justificative, a été l'unique cause du préjudice trop réel dont je suis en ce moment victime, c'est au Conseil général qu'il appartient de statuer souverainement sur la réparation qui m'est due, et que M. le Ministre des Travaux publics laisse à la charge du département de la Seine.

II

Vers la fin de 1871, quand la stupeur de nos désastres fut quelque peu dissipée et qu'on put se reconnaître, l'attention se porta naturellement vers les choses administratives.

On sentait avec raison que la France, découronnée pour un temps de sa gloire militaire, devait chercher dans les travaux de la paix et dans la réorganisation de toute la machine administrative un remède à ses blessures.

Les idées de réforme se heurtaient dans les esprits ; tout le monde aspirait vers le bien et reconnaissait le mal ; on avouait alors, ce qu'on avoue moins aujourd'hui, ce que, par malheur peut-être, on n'avouera plus demain, qu'il y avait *quelque chose à faire*, et que l'Administration française n'était pas précisément le modèle de la perfection. On attribuait nos revers, non pas exclusivement à l'insuffisance militaire, mais au relâchement général de nos forces vitales. On n'avait pas tout à fait tort ; mais on n'avait pas alors oublié.

Spécialement éprouvé par les événements, le département de la Seine, foyer le plus vivace des intelligences et des initiatives, sentait plus que tout autre la nécessité des sages réformes et des améliorations véritables. Un Conseil général élu, et par conséquent indépendant, venait de remplacer une Commission administrative composée d'éléments peut-être respectables, mais assurément moins enclins à exercer le droit de contrôle sévère et d'impartiale investigation.

L'attention du nouveau Conseil se porta sans retard sur les choses de la vicinalité comme sur celles qui intéressaient au plus haut point la reprise du travail et les besoins immédiats de la production et des transports.

Il n'était pas difficile d'y trouver à redire.

De travaux il y en avait peu sur la grande vicinalité, point du tout sur la petite. Cette dernière était absolument abandonnée.

MM. les Ingénieurs des ponts et chaussées du service du département, chargés à la fois du service vicinal et de celui de grande voirie, n'avaient pu, malgré leur zèle, ou voulu, en raison des détails multiples de la vicinalité, aborder résolûment cette tâche intéressante en ses résultats, mais fort ingrate et fort laborieuse en son essence.

Le Conseil général fut préoccupé à juste titre de cette situation regrettable, et par un vote de principe étranger à toute question de personnes, il sépara du service des ponts et chaussées celui de la vicinalité.

La résolution du Conseil fut prise après une longue discussion, et malgré la vive résistance du directeur des travaux. Elle devint exécutoire, mais elle portait en elle-même, on le conçoit, un germe de suspicion administrative : elle n'était pourtant point plus coûteuse pour le département, puisque les crédits du personnel vicinal étaient exactement égaux à la somme des remises proportionnelles que touchaient de ce chef, en sus de leurs traitements légaux, MM. les Ingénieurs et leurs agents.

C'est alors que l'auteur de cet écrit, qui depuis quelques années dirigeait de son mieux et comme il le pouvait, en sous-ordre, le service de l'arrondissement de Sceaux, songea à se créer une situation nouvelle en échange de celle qu'il était menacé de perdre. Il lui était offert dans l'industrie privée des positions d'autant plus enviables que la construction du chemin de fer de ceinture autour de Paris (rive gauche, l'avait particulièrement initié à l'organisation de grands chantiers et à l'exécution de travaux difficiles.

Il n'ignorait pas que, dans cette situation plus lucrative, les animosités personnelles ne le poursuivraient pas ; mais il n'ignorait pas non plus combien, malgré la grandeur des difficultés, il pouvait y avoir d'honneur à réussir dans le cadre restreint d'une réorganisation vicinale, inspirée par des idées patriotiques et régénératrices. Ingénieur des ponts et chaussées et n'ayant jamais voulu quitter, par des scrupules faciles à concevoir, mais poussés peut-être un peu trop loin, le service de l'État, il sentait d'ailleurs que dans l'antagonisme actuel et très-regrettable du corps des Ingénieurs et de celui des agents voyers, il y avait quelque mérite à ne pas déserter une cause dans laquelle il pouvait peut-être aider à établir une entente mutuelle au plus grand avantage des intérêts publics.

D'un autre côté, d'intéressants et dévoués collaborateurs se voyaient menacés dans leur modeste situation. Pleins d'ardeur pour le bien et de confiance en leur futur chef, ils ne demandaient qu'à prendre part avec lui à des travaux dont ils n'ignoraient pas d'ailleurs l'étendue et les périls.

N'était-ce pas enfin une entreprise séduisante que celle d'essayer de faire du département de la Seine, le premier en intelligence, en population, en gloires de toute sorte, le premier aussi en matière de vicinalité?

Si cette tâche, honorable assurément au point de vue du corps des ponts et chaussées, utile à de bons collaborateurs, inspirée d'ailleurs par l'intérêt public et départemental, exigeait une certaine abnégation personnelle, cette abnégation devenait un devoir en présence d'antipathies à peu près certaines et de difficultés probables.

Tels furent les motifs qui se présentèrent à la pensée de l'auteur de cet écrit lorsque, pour la première fois, on lui parla d'organiser ce qui devait être le service vicinal de la Seine. Il ne se dissimulait pas que c'était une lourde responsabilité que d'en prendre la direction, mais il comptait sur sa bonne volonté, sur son énergie et sur celle de ses collaborateurs.

En effet, quelques jours après, sans qu'il en eût fait la demande, une proposition officielle eut lieu à cet égard. L'honorable M. Léon Say, alors préfet de ce département, institua le personnel de la vicinalité. Le chef de ce personnel n'avait même pas voulu prendre l'initiative de solliciter de M. le Ministre des travaux publics sa mise en service détaché : l'honorable M. Léon Say s'était réservé ce soin, et c'était par conséquent dans des conditions tout à fait précises, à ce point de vue, que l'auteur de cet écrit et ses collaborateurs abordaient l'œuvre difficile à laquelle toutes leurs forces allaient être appliquées.

Difficile, en effet, car en dehors de la nécessité de faire quelque chose là où il n'existe à peu près rien, il y avait bien des obstacles à franchir, bien des écueils à éviter.

Le nouvel agent voyer en chef ne se dissimulait ni les uns ni les autres.

Il fallait effectivement opérer bien mieux qu'un autre, non pas tant pour attirer les sympathies que pour ne pas encourir le blâme.

Si le Conseil général montrait cette impartialité parfaite qui constate les résultats sans voiler les mauvais et sans atténuer les bons, il n'en était pas de même du reste de la galerie.

Le Directeur des travaux, dont la résistance avait été vaincue par le vote du Conseil lors de la division des services, ne devait pas, en effet, envisager d'un œil très-favorable la modeste personnalité dont la mission était de réaliser le programme que lui-même avait publiquement déclaré impraticable, présomptueux et absolument contraire aux intérêts du département.

L'ingénieur en chef du département qui venait d'être tout récemment nommé, et sous les ordres duquel était alors placé l'auteur de cet écrit, se voyait privé, dès les premiers jours, par la nomination de ce dernier au poste d'agent voyer en chef, des services d'un ingénieur qui, au seul point de vue des traditions, ne pouvaient que lui être fort utiles.

Il ne devait donc pas non plus nourrir à l'égard du nouvel agent voyer en chef, qu'il considérait à tort comme un transfuge, des sentiments bien cordiaux. Il ne se rendait pas ou ne voulait pas se rendre compte que le déplacement intempestif de ses bureaux au moment même de la session du Conseil général, que l'insuffisance de ses renseignements, que la nécessité pour le Conseil de recourir aux ingénieurs ordinaires plus au courant que lui de la marche des affaires, n'avaient peut-être pas peu contribué à un échec dont il devait conserver un pénible souvenir.

Les successeurs de ceux-ci, bien qu'ils dussent se trouver heureux de la nouvelle position dans laquelle les avait placés le départ de leurs devanciers, ne devaient-ils pas aider leur chef dans ce combat occulte et incessant, avec d'autant plus d'ardeur qu'ils pouvaient espérer, les uns et les autres, regagner dans l'avenir les situations momentanément perdues?

Ce n'est pas, j'aime à le croire, qu'ils obéissent en cette circonstance aux instincts de l'intérêt personnel ; mais, dominés par le sentiment de cette rivalité traditionnelle dont j'ai parlé plus haut, ils ne pouvaient pardonner au service nouveau de leur avoir enlevé une partie de leur patrimoine, et ils devaient être par la suite d'autant moins disposés à l'indulgence que celui qui dirigeait le service serait parvenu, par son énergie, à le rendre de plus en plus viable.

La bienveillance préfectorale, assurée sous l'honorable M. Léon Say, continuée sous l'honorable M. Calmon, devait-elle d'ailleurs toujours durer ? Et l'esprit de leur successeur, habilement préparé par des insinuations, si peu fondées qu'elles fussent, contre le nouveau service, ne devait-il pas un jour prendre le caractère d'hostilité sur lequel on comptait ?

Telle était la situation dans laquelle se trouvait l'auteur de cet écrit au moment où il fut appelé à organiser le service vicinal de la Seine :

Impartialité du Conseil général, hostilité sourde mais incontestable du Directeur des travaux, des ingénieurs intéressés et même de plusieurs autres qui ne l'étaient pas ; vouloir préfectoral, bienveillant au début, douteux ensuite, hostile à la fin, comme on le verra ci-après.

Le nouvel agent voyer en chef ne se faisait à cet égard aucune illusion; mais la grandeur des difficultés aiguillonnait son courage; il avait accepté la tâche, il la jugeait possible ; il voulait fermement la mener et il l'a menée à bonne fin, sinon pour lui, qui est resté sur la brèche, au moins pour ses collaborateurs et surtout pour le principe aujourd'hui indéniable, incontestable et reconnu, et pour les intérêts du département remis entre ses mains pendant une période de trois années, assez longue assurément pour permettre d'apprécier ce qui a été fait et de rendre certaine la possibilité de poursuivre son œuvre.

Les hommes passent en effet, mais les principes, qui sont tout, restent démontrés quand on les a mis en lumière, et c'est à celui qui reprend une œuvre ainsi commencée à montrer qu'il est de taille à la continuer.

Nommé agent voyer en chef le 20 janvier 1872, l'auteur de cet écrit adressait le 25 du même mois, à ses collaborateurs, une instruction qui leur traçait à grands traits ses devoirs et les leurs. Il leur promettait son dévouement; il leur demandait leur concours. Il leur disait :

« MONSIEUR L'AGENT VOYER,

« Au moment où s'organise le nouveau service vicinal, il me paraît opportun de vous adresser un résumé succinct des instructions générales que je vous ai données lors de notre dernière conférence.

« J'attache, en effet, un grand prix à ce que nous accomplissions avec succès la tâche laborieuse et difficile qui nous a été confiée ; or nous n'atteindrons un pareil résultat qu'à la condition de marcher avec ensemble et résolution vers le but, soutenus les uns et les autres par une mutuelle confiance.

« En ce qui me concerne, j'apporterai dans la direction du service toute l'activité, toute la prudence, toute l'énergie dont je suis capable ; soit qu'elles émanent de mon initiative, soit que vous me consultiez sur un point embarrassant, vous recevrez toujours des instructions promptes, nettes et précises ; d'un autre côté tous mes efforts tendront à limiter les écritures au strict nécessaire de manière à ce que vous puissiez consacrer aux tournées et à la surveillance la plus grande partie possible de votre temps.

« En échange de mes efforts, je vous demanderai de faire du service l'objet de vos uniques préoccupations ; je vous demanderai la rapidité dans l'expédition des affaires, la complète exécution des instructions qui vous seront adressées et qui n'auront jamais d'autre but que le bien du service, une ponctualité parfaite dans l'envoi des divers renseignements ou pièces de comptabilité, enfin la sagacité dans l'exécution de mes instructions, de manière à ne pas s'arrêter en deçà mais à ne pas non plus les outrepasser: chacun doit effectivement conserver sa part de responsabilité et de même que j'assume toujours celle de mes actes, je n'hésiterais pas à répudier celle qui résulterait d'une exécution incomplète ou exagérée.

« Ayez d'ailleurs l'assurance que je ne vous demanderai jamais que des choses dont l'utilité présente ou future me sera personnellement démontrée et que, si je ne vous en déduis pas toujours les motifs, vous ne tarderez pas, je l'espère, à vous apercevoir que ces motifs seront toujours sérieux et justifiés.

« C'est donc, ainsi que je vous le disais au début, par une confiance mutuelle et absolue, moi dans votre zèle et votre labeur intelligent, vous dans la sollicitude et la prudence de ma direction, que nous parviendrons à faire du nouveau service auquel nous nous consacrons aujourd'hui tout entiers, un service modèle, comme c'est notre désir et notre vœu le plus ardent.

« Pour y parvenir, il faudra sans doute des efforts persévérants, une application soutenue : il y a beaucoup d'améliorations à introduire, d'abus à redresser, d'habitudes mauvaises à faire perdre, de bonnes méthodes à adopter ; tout cela nous le ferons avec du temps, du soin et de la bonne volonté à tous les degrés de la hiérarchie.

« Mais ce sur quoi je désire aujourd'hui appeler principalement votre attention, c'est sur la pensée générale qui doit inspirer tous nos actes et présider à la gestion des affaires qui rentrent dans le cercle de nos attributions.

« Ces attributions comportent des relations de diverse nature : relations entre nous, relations avec le public, avec les autorités, avec les subordonnés.

« Je vous l'ai dit et je le répète : Entre nous, la célérité, la confiance, la concision n'excluant ni la clarté ni la complète instruction des affaires, l'exactitude dans la transmission, la demande d'un avis en cas de doute ou d'embarras, la ponctuelle exécution des instructions, rien en deçà, rien au delà. Dans ces conditions tout ira bien, avec accord, avec uniformité, avec ensemble.

« Quand vous avez à traiter une affaire, de quelque part qu'elle vienne, faites-le toujours avec la plus grande rapidité, avec la plus grande conscience : agissez en un mot comme vous désireriez qu'on agît pour vous-même. L'affaire la plus minime en apparence est importante pour celui qu'elle intéresse. Elle mérite donc toute la sollicitude de celui d'entre nous qui est chargé de l'instruire, et qui n'est réellement qu'un agent délégué au nom de la communauté pour examiner la demande formée par un de ses membres.

« N'oubliez jamais que si l'administrateur chargé de la gestion des intérêts généraux doit y apporter toute son impartialité, toute son indépendance, il ne cesse pas pour cela d'être le délégué, le véritable homme d'affaires du public. Ce rôle est assez honorable pour être digne d'envie et pour attirer sur celui qui sait le remplir avec zèle, persévérance et droiture les suffrages de tout le monde.

« Parler ainsi, c'est recommander avec le public la plus extrême politesse et les plus grands égards. Vous rencontrerez le plus souvent la politesse et les égards réciproques ; car, entre gens bien élevés, la discussion née d'intérêts contraires n'exclut pas les bons rapports ; si néanmoins il se présentait quelques-unes de ces exceptions que font surgir les exigences de l'intérêt privé ou le plus souvent l'ignorance de la réalité des choses, c'est par votre calme, par la franchise et la patience de vos explications que vous parviendrez, sans aucun doute, à éclairer les esprits, à dissiper les préventions, à éteindre les conflits. C'est une affaire de tact et de patience, deux qualités devant lesquelles s'évanouissent, le plus souvent, les discussions et les litiges.

« Après vous avoir entretenu des relations que nous devons avoir avec le public, pour lequel, en définitive, il ne faut jamais oublier que nous sommes institués, je vous demanderai plus encore, si c'est possible, pour nos supérieurs hiérarchiques et ses représentants directs élus, maires, conseillers municipaux, d'arrondissement et généraux. La déférence et les égards que nous leur devons en toute occasion et dont nous avons l'obligation stricte de ne jamais nous départir s'adressent non-seulement à leur personne mais encore au caractère dont ils sont revêtus. Je n'insiste pas plus longtemps sur ce point, trop important pour qu'il échappe à votre raison et à votre expérience, d'abord parce que je connais à cet égard vos sentiments, ensuite parce que le bon témoignage qui m'a été rendu de votre excellent esprit me dispense de le faire.

« Nos subordonnés se divisent en deux catégories : les entrepreneurs, les cantonniers et ouvriers.

« Avec les premiers soyons sévères mais parfaitement justes. d'une part nous avons le devoir de conscience d'assurer le bon, loyal et fidèle emploi des ressources mises à notre disposition et confiées à notre vigilance. Ces ressources sont d'autant plus respectables qu'elles sont le produit des impôts communaux ; la spécialité de leur provenance, la nature des fonds qui les constituent, enfin l'état actuel de notre pays sont autant de motifs pour que nous en soyons parcimonieux, pour que nous ne proposions jamais que des travaux utiles, pour que nous recherchions toutes les économies réelles, enfin pour que nous exigions avec de bons travaux la stricte application des marchés et des adjudications.

« Mais à côté de ce devoir nous avons celui d'être équitables et impartiaux. Il ne faut pas considérer un honnête entrepreneur comme devant avoir tort toujours et quand même ; il faut apporter dans nos relations avec lui l'équité des appréciations en même temps que le respect des traités.

« Quant aux cantonniers et ouvriers, sans employer à leur égard ces sévérités brusques qui irritent sans corriger, il convient cependant d'exiger d'eux résolûment la quantité et la qualité du travail. Le salaire de ces agents atteint un chiffre considérable ; il est supérieur à cent mille francs ; il faut absolument qu'une somme de cette importance profite aux chemins, et elle peut leur être d'un grand secours si les cantonniers et ouvriers sont exacts, laborieux et bien instruits par vous.

« Persuadez-leur donc que vous tiendrez compte de leurs efforts mais que vous serez inexorables pour l'inconduite ou la paresse. Un cantonnier mauvais est doublement coupable, d'abord parce qu'il abuse de notre confiance, ensuite parce qu'il détourne en réalité le salaire que lui donnent le département et les communes. Il commet donc un véritable larcin ; il discrédite son état et il en résulte pour les autres ouvriers un déplorable exemple en même temps que dans le public s'accrédite l'opinion, inexacte souvent mais parfois basée sur les apparences, que les cantonniers sont peu laborieux et peu esclaves de leur devoir.

« Je prendrai incessamment une série de mesures ayant pour but d'obtenir des cantonniers un bon et intelligent travail. Augmentés cette année par le Conseil général, ces ouvriers doivent se montrer reconnaissants et puiser dans cette marque de sollicitude un nouvel encouragement à bien faire.

« Ma résolution est de récompenser les bons, mais de punir et même de faire renvoyer les mauvais. Vous me seconderez dans cette tâche et recommanderez à vos chefs cantonniers de montrer l'exemple et d'exiger dans leur brigade la discipline, l'assiduité et le travail raisonné sans lequel un cantonnier, même laborieux, ne saurait entretenir convenablement la station confiée à ses soins. Il ne suffit pas en effet, Monsieur l'Agent voyer, d'un labeur opiniâtre pour entretenir *économiquement, convenablement* même une route ou un chemin; il faut que ce labeur soit dirigé et exécuté avec beaucoup de tact, d'intelligence et de bon sens ; il faut qu'un cantonnier travaille autant pour le moins de la tête que des bras, en un mot que la réflexion le guide sans relâche, et c'est à vous qu'il appartiendra de faire cette éducation au sujet de laquelle je vous enverrai en temps opportun des circulaires détaillées que j'appuierai d'exemples dans les fréquentes tournées que j'ai l'intention de faire.

« Mais ces considérations techniques sortent de celles auxquelles je désire borner la présente communication. Je n'ai voulu que vous rappeler ici les idées générales que je vous ai développées en matière d'administration et vous prie de vous en bien pénétrer au moment où nous commençons ensemble une campagne laborieuse mais où nous sommes encouragés par de bienveillantes sympathies et soutenus par le désir de faire le bien.

« Je vous connais assez pour être convaincu que vous partagez et que vous appliquerez ces idées; c'est d'ailleurs à cette condition seule que nous marcherons d'accord vers le but à atteindre et que nous pouvons espérer de rendre au département les services qu'il est en droit d'attendre de ses agents voyers.

« Agréez, Monsieur l'Agent voyer, l'expression de mes sentiments affectueux.

« L'Agent voyer en chef,

« J. BELLOM. »

Cette circulaire de l'agent voyer en chef, où la prudence et la franchise inspirent chaque ligne, avait un double but : en premier lieu, préciser bien nettement le caractère et la nature des fonctions de chacun ; en second lieu, relever par le sentiment de leur responsabilité la dignité et l'importance du rôle de ses collaborateurs. Car l'auteur avait précisément pour pensée, en acceptant la mission d'organiser le service vicinal avec un chef unique au centre et un délégué seulement au canton, sans intermédiaire au chef-lieu d'arrondissement, d'agrandir à juste titre le rôle des conducteurs des ponts et chaussées, d'investir ces jeunes gens, pour la plupart si capables et si dévoués, d'un véritable emploi d'ingénieur cantonal, de leur donner enfin l'esprit d'initiative et la conscience de leur valeur, sentiments dont ils sont si souvent privés au détriment de leur avenir personnel et des intérêts publics.

L'expérience que nous allions faire ensemble était de nature à prouver et a effectivement démontré qu'entre un chef énergique au point central et des collaborateurs capables au canton, il n'est pas plus besoin, au moins dans le département de la Seine, d'intermédiaire au chef-lieu d'arrondissement qu'il n'est opportun de conserver certaines sous-préfectures qui sont plutôt un embarras qu'une aide, pour l'expédition prompte et complète des affaires d'ordre purement administratif.

Je le dis hautement, et je suis heureux de le constater ici une fois de plus, c'est grâce au zèle intelligent et au travail opiniâtre de ces chers collaborateurs à qui la justice commande de rendre hommage, que ce qui n'était dans le début que probable et contesté, est aujourd'hui parfaitement démontré, incontestable et hors de controverse, et si leur chef est tombé, comme tout chef doit le faire, au champ d'honneur, en leur montrant le chemin, ils n'en continueront pas moins, bien que dirigés par un autre, à suivre la ligne qui leur a été tracée dans l'intérêt des communes et du département.

III

Le service vicinal de la Seine est donc né le 20 janvier 1872. La révocation de l'auteur de cet écrit date du 28 janvier 1875.

Durant ces trois années, le 1er septembre, il était fourni à M. le Préfet, pour être soumis au Conseil général, un compte rendu détaillé de ses opérations.

L'impression de ces comptes rendus donna lieu dans l'origine à quelque opposition. M. le Directeur des travaux en avait supprimé, même après l'impression, une certaine partie. L'agent voyer en chef, respectueux avant tout de la hiérarchie et soucieux de la paix, n'avait pas fait d'observation (1). Grâce à ce prudent début, la production du compte rendu annuel était passée dans les habitudes, et le Conseil général y trouvait des renseignements sincères et précis sur la marche des affaires et sur les détails si importants de la vicinalité.

L'agent voyer en chef était d'ailleurs soutenu dans sa tâche, plus lourde chaque année, par la bienveillante appréciation, non-seulement du Conseil général, mais encore de M. le Ministre de l'intérieur, dont une dépêche entre autres est trop flatteuse assurément pour que l'auteur de cet écrit n'en reproduise pas ci-après un extrait.

Dans cette dépêche, en date du 24 janvier 1874, relative à la reconstruction des ponts détruits pendant la guerre, M. le Ministre de l'intérieur s'exprimait comme il suit :

---

(1) Les parties retranchées sont entre les mains de l'auteur de cet écrit.

« Monsieur le Préfet, j'ai pris connaissance du rapport très-inté-
« ressant et très-complet que vous a adressé l'agent voyer en chef
« de votre département, au sujet de la reconstruction des ponts
« détruits pendant la guerre sur les chemins vicinaux.

« D'après ce rapport, les travaux, commencés en 1872 seulement,
« seront terminés très-prochainement, et dans quelques mois au
«, plus tard, quinze ouvrages d'art, la plupart d'une importance
« exceptionnelle, seront complétement achevés.

« Ce résultat remarquable, qui fait honneur au service vicinal de
« la Seine, ne m'avait pas échappé. J'ai suivi attentivement depuis
« leur origine les opérations entreprises dans votre département, et
« j'ai pu constater l'ordre, la régularité, l'économie et en même
« temps l'habileté avec lesquels des travaux aussi importants et
« aussi délicats étaient dirigés.

« Je suis heureux de l'occasion qui m'est offerte aujourd'hui de
« témoigner aux agents de tout grade toute ma satisfaction. »

D'un autre côté, M. le rapporteur des chemins vicinaux disait.

En 1872 (page 594) :

« Votre deuxième commission m'a chargé de vous présenter son
« rapport sur l'état du service vicinal et ses propositions en ce qui
« concerne la dotation des chemins.

« Le service spécial des chemins vicinaux, organisé conformément
« à votre délibération du 9 novembre 1871, n'a commencé à fonc-
« tionner qu'à partir du 1er janvier de la présente année. Il serait
« injuste de fonder un jugement définitif sur une aussi courte expé-
« rience et de fixer, d'après les faits de ce premier exercice, la
« mesure des améliorations que le Conseil est en droit d'attendre
« d'une réforme aussi importante. Mais la deuxième commission se
« croit, dès à présent, autorisée à vous dire que ces quelques mois
« de pratique marqués par un progrès notable, sont de nature à
« confirmer les prévisions du Conseil et à justifier les plus sérieuses
« espérances ; en tout cas, elle a pu constater avec satisfaction que,
« grâce à l'initiative d'un chef de service habile et dévoué, la nou-
« velle organisation se développe et fonctionne suivant les principes
« rationnels que notre collègue, M. Vauthier, a exposés devant
« vous, l'an passé, et que le Conseil a sanctionnés par son vote.

« Votre deuxième commission a pensé, Messieurs, qu'en présence
« d'une situation aussi intéressante que nouvelle, il pouvait être
« utile de vous soumettre, à propos des principaux articles budgé-
« taires, un exposé succinct de l'état du service vicinal à son début.
« Ce travail a été rendu facile par le rapport très-complet de Mon-
« sieur l'agent voyer en chef et par les documents qui l'accom-
« pagnent. »

En 1873 (page 562) :

« Votre deuxième commission m'a chargé de vous présenter son
« rapport sur le budget du service vicinal en 1874.

« L'année dernière, a pareille époque, le nouveau service, organisé
« conformément à votre délibération du 9 novembre 1871, ne comp-
« tait que quelques mois de fonctionnement. Il n'avait pas été pos-
« sible de fonder un jugement définitif sur une expérience aussi
« courte. Le nouvel exercice a permis aux agents de mieux con-
« naître les diverses parties du service ; les données indispensables
« pour établir les prévisions ont été précisées par des expériences
« suivies ; à la période de début et de mise en train a succédé un
« état plus voisin du régime normal. Ce n'est donc plus sur des
« indices de bon augure et sur des chiffres hypothétiques, mais sur
« des faits que votre deuxième commission a pu fonder les appré-
« ciations qui vont vous être soumises.

« Avant d'entrer dans l'examen détaillé des articles, il n'est que
« juste d'observer que le zèle intelligent du chef de service et de
« ses agents a pleinement justifié vos espérances. »

Et plus loin (page 957) :

« ART. 35. — *Traitement fixe et frais de déplacements du personnel des*
« *chemins vicinaux.* — L'administration demande 70,500 francs comme
« aux précédents budgets.

« Cette somme, à répartir entre tous les chefs et agents du ser-
« vice, au nombre de vingt, a été calculée en 1872, sur la base des
« frais fixes ou proportionnels applicables au personnel de l'ancienne
« organisation. Au moment où le nouveau service a été créé, notre
« collègue, M. Vauthier, vous a donné l'assurance que cette création
« n'aurait pas pour effet d'accroître les dépenses du personnel.
« L'année dernière, tout en rappelant que cette considération, ac-
« cessoire comme chiffre, n'avait pu être le motif déterminant de
« vos résolutions, la deuxième commission voyait dans le maintien
« de la somme primitivement fixée une confirmation satisfaisante
« des prévisions.

« A ne considérer que les chiffres absolus, les mêmes remarques
« pourraient être faites cette année. Mais un résultat plus avanta-
« geux de l'organisation nouvelle se dégage d'une étude complète
« du sujet.

« Les frais actuels sont fixes. Les frais de l'ancien service étaient,
« au contraire, en partie proportionnels et croissaient dans une
« certaine mesure en même temps que les budgets. La somme de
« 70,500 francs a été calculée en 1872, par application au budget des
« bases fournies par l'ancien service. Aussi peut-on vérifier que la
« dépense a été, à cent francs près, en 1872, ce qu'elle aurait été si
» le Conseil avait maintenu l'ancien état de choses.

« Mais il n'en est plus de même en 1873 : le budget de cet exercice
« a dépassé le précédent, et l'application des anciennes bases pro-
« portionnelles aux articles passibles d'honoraires aurait fait res-
« sortir, d'après l'ancien système, une dépense en personnel de
« 75,400 francs.

« La même application au projet de budget de 1874 conduirait à
« une dépense de 76,500 francs qui se trouverait encore accrue par
« suite des augmentations de dépenses que le Conseil a votées.

« Il est donc juste de dire que, si le chiffre absolu des frais
« de personnel est resté invariable, il y a réellement, eu égard aux
« honoraires proportionnels, économie de 4,900 francs en 1873 et de
« 6,000 francs au minimum en 1874.

« Votre commission de l'année dernière vous faisait observer que
« le crédit de 70,500 francs, réparti entre vingt agents de toutes
« classes, ne permettait pas d'attribuer à chacun d'eux des appoin-
« tements en rapport avec ses fonctions. Cette observation se re-
« présente tout naturellement cette année, et sa portée est plus
« grande encore, si l'on considère d'une part, qu'il y a économie
« réelle, ainsi qu'il vient d'être expliqué ; d'autre part, que, grâce
« au zèle soutenu et à l'intelligence du personnel, de nombreuses
« améliorations ont été réalisées ou sont en voie de réalisation pro-
« chaine. Toutefois, à raison de l'état actuel des budgets, la Com-
« mission a le regret de s'en tenir, cette année, à des marques de
« satisfaction très-méritées, et, tout en désirant qu'une augmen-
« tation de crédit puisse vous être demandée dans l'avenir, elle
« vous propose de maintenir la somme de 70,500 francs au budget
« de 1874. »

En 1874 (pages 609 et 610).

« A l'occasion de l'article 30, Monsieur le rapporteur expose que
« les frais de personnel du service vicinal, qui s'élevaient il y a
« quelques années à 4 fr. 43 0/0 des dépenses générales, sont des-
« cendues à 2 fr. 62 et n'excèdent pas en 1873 1 fr. 91.

« Le Conseil général peut donc se féliciter doublement de l'orga-
« nisation qu'il a donnée au service vicinal, et à raison de l'état
« d'entretien des chemins et à raison des économies réalisées dans
« les dépenses. »

IV

Ces témoignages de satisfaction, auxquels l'agent voyer en chef ne pouvait s'empêcher de reconnaître un caractère de spontanéité bien flatteur, soutenaient son énergie et le récompensaient de bien des déboires.

Il se félicitait d'ailleurs de voir marcher le service vicinal dans une voie normale réalisant chaque jour quelque nouveau progrès et remplie de promesses. Le succès des bonnes méthodes était désormais assuré ; la période du travail ardu, d'organisation et de restauration touchait à son terme ; les ponts étaient achevés sans encombre ; le projet de la voie industrielle était admis : un horizon nouveau, laborieux sans doute, mais enfin dégagé de nuages et plus solidement assis s'entr'ouvrait pour tout le personnel. Cet espoir était consigné dans le rapport de l'agent voyer en chef, lorsqu'il disait en septembre 1874 :

« Le nouveau service vicinal fonctionne depuis le 1er jan-
« vier 1872, c'est-à-dire depuis trois années.

« A la période de début et de préparation devait succéder
« la période définitivement normale.

« Nous éprouvons quelque légitime orgueil à déclarer que,
« grâce à la persévérance de ceux qui nous secondent, cette
« période est atteinte et que le service de la vicinalité, débar-
« rassé du lourd fardeau de la reconstruction des ponts, est
« aujourd'hui plus que jamais en état de satisfaire aux exigen-
« ces de la tâche qui lui est confiée. »

Mais il devait être déçu dans un bien court délai, car, le 28 janvier 1875, le Préfet de la Seine, usant du droit que place entre ses mains la loi du 21 mai 1836, mais devenu tout à coup oublieux des services rendus pendant trois années, ne tenant aucun compte des témoignages réitérés de satisfaction donnés par le conseil général, révoquait brusquement et sans explication le chef du service vicinal, et, peu soucieux de lui assurer une position nouvelle, il le mettait en interdit comme on ferait d'un agent coupable des méfaits les plus graves.

Quels ont donc été les motifs de cette étrange conduite ? L'agent voyer en chef les a demandés, et, malgré son insistance, il ne lui a été rien répondu.

En cette situation, l'auteur de cet écrit a dû faire appel à ses souvenirs, rechercher consciencieusement tous les griefs, même imaginaires, qu'on aurait pu évoquer contre lui. Le seul moyen qui lui reste, en l'absence de toute réponse officielle et même officieuse, est de les énoncer ici et de prouver, ce qui est bien facile, qu'aucun d'eux ne saurait justifier la rigueur, pour ne pas dire plus, de la décision préfectorale.

Pourquoi donc a été prononcée la révocation de l'agent voyer en chef ?

V

Serait-ce parce que le service vicinal aurait été mal dirigé ou parce que de graves irrégularités auraient été constatées ?

Pour répondre à cette question, la première évidemment à traiter, sans entrer dans une infinité de détails que ne comporte pas l'étendue de cet écrit, il a paru nécessaire de réunir en un tableau aussi succinct, mais aussi probant que possible, les principaux éléments de la gestion vicinale et les résultats obtenus en 1872, 1873 et jusqu'au 1er février 1875.

Ce tableau, dont les justifications et les chiffres résultent des rapports détaillés fournis par l'agent voyer en chef pour être soumis au contrôle du Conseil général, dans chaque session annuelle, permet de juger ce qui a été fait en connaissance de cause et de répondre à la question posée.

		1872	**1873**	**1874** jusqu'au 1er février **1875**	OBSERVATIONS
1° Grande vicinalité.					
Longueur de chemins	à l'entretien.	141,526 m 95	150,225 m 55	160,345 m 75	
	en construction . . .	8,698 m 60	9,350 m 90	4,416 m 60	
	totale. . . .	150,225 m 55	159,576 m 45	164,762 m 35	
Nombre de projets	préparés . .	13	9	21	En totalité, 43.
	en cours d'exécution	12	22	26	
Nombre de plans d'alignement fournis . . .		31	22	19	En totalité, 72.
Dépense d'entretien	totale. . . .	360,500 fr.	360,500 fr.	362,233 fr. 36	
	par mètre courant. .	2 fr. 547	2 fr. 399	2 fr. 257	
Fréquentation en colliers pour 24 heures. . . .		530 c	580 c	643 c	
Matériaux	Réservés . .	3,864 mc	3,551 c	6,252 mc	
	Fournitures.	9,081 mc	9,208 mc	11,400 mc	9,394 mc pour 20 mois, soit 5,636 mc pour l'année.
	Consommation . . .	5,636 mc	6,507 mc	»	
Rabais obtenus dans les adjudications.		»	12,52 %	16,19 %	
2° Petite vicinalité.					
Longueur du réseau subventionné	à l'entretien.	30,880 m (0,237)	29,194 m (0,228)	63,401 m (0,492)	
	en construction . . .	6,223 m (0,049)	22,403 m (0,175)	8,539 m (0,066)	
	en projet . .	30,139 m (0,232)	32,118 m (0,252)	44,661 m (0,346)	
	en lacune. .	51,598 m (0,482)	44,292 m (0,345)	12,243 m (0,096)	
	totale. . . .	128,840 m (1,000)	128,007 m (1,000)	128,844 m (1,000)	
Longueur du réseau non subventionné	à l'entretien.	142,265 m (0,689)	130,956 m (0,656)	144,708 m (0,710)	
	en construction . . .	5,263 m (0,025)	9,179 m (0,045)	91 m (0,001)	
	en projet . .	1,018 m (0,005)	3,016 m (0,015)	14,303 m (0,070)	
	en lacune. .	58,201 m (0,281)	57,075 m (0,284)	14,764 m (0,219)	
	totale. . . .	206,747 m (1,000)	200,226 m (1,000)	203,866 m (1,000)	
Longueur totale du réseau.		335,587 m	328,233 m	332,710 m	
Dépense d'entretien par mètre courant		»	1 fr. 262	0 fr. 990	
Nombre de projets	présentés . .	63	51	63	En totalité, 177.
	en cours d'exécution	22	43	47	En totalité, 112.
Dépense des projets	présentés . .	1,167,254 fr. 60	1,532,150 fr.	1,351,001 fr. 01	
	en cours d'exécution	419,700 fr.	797,200 fr.	833,976 fr. 34	
Plans d'alignement fournis		»	6	10	En totalité, 16.

	1872	1873	1874 jusqu'au 1er février 1875	OBSERVATIONS
2° Petite vicinalité (Suite).				
Rabais obtenus dans les adjudications.	»	7,36 °/₀	13,39 °/₀	
3° Ponts détruits pendant la guerre.				
En construction	11	20	20	
En projet	7	1	2	
4° Voie industrielle.				
Projet présenté.	»	»	1	
5° Montant des ressources éventuelles.	50,407 fr. 76	240,009 fr. 19	255,157 fr. 71	Y compris la subvention de l'Etat, qui a été, en 1873, de 19,726 fr., et que nous supposons égale en 1874.
6° Personnel.				
Dépense pour °/₀, celle antérieure étant de 4,43 °/₀	2 fr. 618	1 fr. 910	»	

Les principales conséquences à déduire des chiffre qui précèdent peuvent être résumées en quelques lignes. En trois années, et par un travail dont il semble bien difficile de contester la persistance et les succès, la grande et la petite vicinalité ont reçu des améliorations nombreuses et d'ailleurs reconnues par tout le monde.

Pour la grande vicinalité, accrue de 14 kil. 1/2, quarante-trois projets nouveaux ont été présentés ; soixante-douze plans d'alignements fournis ; malgré un accroissement de la fréquentation s'élevant de 530 à 643 colliers, c'est-à-dire dans la proportion de 1 à 1 21, le prix de l'entretien par mètre courant s'est abaissé de 2 fr. 547 à 2 fr. 257, et le dernier mot de cet abaissement n'était assurément pas dit. En même temps que les réserves s'élevaient de 3,864^{m3} à 6,252^{m3}, les fournitures annuelles progressaient de 9,081^{m3} à 11,400^{m3}. L'amélioration des chemins, visible et constatée par tous, s'obtenait donc à moindre prix sans compromettre, soit les approvisionnements, soit le capital des chaussées.

Les entrepreneurs, confiants dans la célérité et l'exactitude des payements, augmentaient le taux de leurs rabais dans la proportion de 12,52 à 16,19 pour 0/0.

Pour la petite vicinalité, la proportion des lacunes diminuait de 0,482 à 0,096, c'est-à-dire des quatre cinquièmes dans le réseau subventionné. La récente organisation du service avait abaissé de 1 fr. 26 à 0 fr. 99 le prix d'entretien du mètre courant de chemin, ce qui, pour l'ensemble de la longueur construite, réalisait dès le début une économie annuelle de 52,765 fr. 83. Cette économie, sur le réseau total qui est de 332,710 mètres, aurait conduit plus tard à un boni annuel d'au moins 90,000 francs, et cependant les chemins vicinaux ordinaires étaient déjà mieux tenus que par le passé.

Cent soixante-dix-sept projets ont été fournis ; cent douze étaient achevés ou en cours ; scize plans d'alignement présentés attendaient les enquêtes, et les entrepreneurs, encouragés, doublaient le taux de leurs rabais.

Des vingt-deux ponts détruits pendant la guerre ou projetés dans le département, tous, sauf deux en projet, étaient livrés au public sans le moindre accident.

Les ressources éventuelles, qui étaient de 50,407 fr. 76 en 1872, s'élevaient à 240,009 fr. 19 en 1873 et à 255,157 fr. 71 en 1874, grâce aux efforts de tout le personnel du service et aux principes d'ordre dont il était pénétré.

En regard de ces résultats, les frais du personnel allaient toujours en diminuant ; de 4 fr. 43 pour 0/0, ils s'abaissaient à 2 fr. 618 et 1 fr. 910 0/0 ; non que les divers agents fussent moins bien rémunérés, mais parce qu'ils avaient à cœur de bien remplir leurs fonctions et de montrer que pour dépenser beaucoup d'argent, pour faire de nombreux et importants travaux, la qualité peut suppléer au nombre, le dévouement aux grands états-majors.

Voilà ce que pendant une gestion de trois années a fait le service vicinal ; j'ajoute que, parmi ces opérations multiples, jamais une malfaçon n'a passé inaperçue et n'a été tolérée, jamais un accident n'est survenu comme il en est arrivé ailleurs.

Celui qui envisage en dehors de toute bienveillance, mais aussi sans passion et sans parti pris, des résultats si prompts, si avantageux pour le département, peut être justement surpris que tant de travail opiniâtre, tant de dévouement absolu, tant d'abnégation persévérante, n'aient pas pu protéger le chef du service contre une destitution blessante par sa forme plus blessante encore par ses réticences ; car, ne pas donner les motifs pour lesquels a été prise une semblable mesure, c'est mettre ouvertement eu suspicion l'honorabilité de celui qui en a été la victime.

Quoi qu'il en soit, de ce rapide mais fidèle exposé de la situation, l'agent voyer en chef croit pouvoir conclure qu'en ce qui concerne les faits de sa gestion, ils sont aussi irréprochables qu'ils ont été utiles aux intérêts du département.

VI

Serait-ce parce que j'aurais eu en vue de mettre ma personnalité en évidence au détriment des autres fonctionnaires du département de la Seine ?
Je sais que dans les notes annuelles qui me concernent on ne s'est pas fait faute de reproduire presque textuellement cette phrase aussi injuste que malveillante ; mais un heureux hasard, en me la révélant, me permettait de me tenir en garde contre un semblable reproche.

Je demanderai donc et l'on ne pourra assurément me dire en quoi peut être justifiée une semblable allégation.

En ce qui concerne M. le Préfet actuel, je n'ai jamais eu l'occasion de l'entretenir pour affaires de service et je ne l'ai entrevu que dans deux ou trois réceptions officielles. Ma modeste personnalité n'a donc jamais pu lui causer aucun souci et ne s'est pas mise en évidence à son égard. Dans quel but au surplus une semblable pensée aurait-elle pu se glisser dans mon esprit à l'égard de qui que ce soit ?

Est-ce que par hasard on aurait supposé que je pouvais, modeste ingénieur, me considérer comme coadjuteur aspirant au bénéfice d'une future succession ? Je ne sais si une telle prétention a pu germer dans certains esprits ; mais il a fallu l'étrangeté des mesures qui m'ont frappé pour me faire entrer dans un ordre d'idées qui n'a jamais été le mien, et je ne m'y arrête pas davantage, tant il me paraît déraisonnable.

Quant à M. le directeur des travaux, je ne l'ai entretenu que le plus rarement possible des affaires vicinales, d'abord parce que ses occupations multiples ne lui laissaient que peu de temps, ensuite parce que, pour marcher avec ordre et ponctualité, ces affaires n'avaient pas besoin de son intervention ; enfin, parce que, précisément, je désirais rester dans une obscurité qui plait à mes goûts, laissant volontiers à d'autres le rôle prépondérant qui satisfait les leurs.

Je me suis borné à lui parler de quelques affaires importantes dans le seul but d'attirer sur elles son attention spéciale et de lui éviter, s'il était possible, l'ombre même d'un embarras devant le Conseil général.

On avait au reste pris le soin de se prémunir contre l'influence que donne, quoi qu'on fasse, l'utilité des services rendus ; ainsi, dans une note en date du 25 octobre 1873, il m'était interdit de donner au Conseil général toute espèce de renseignement et de me rendre sans autorisation officielle dans les commissions, alors même que j'y étais appelé.

MM. les Présidents de la 2ᵉ commission, la seule spéciale au service de la vicinalité, savent mieux que personne si l'auteur de cet écrit a jamais dérogé à cette défense expresse ; car il n'a jamais satisfait à leurs invitations, même écrites, malgré l'embarras qui en résultait pour lui, dominé par la discrétion de ne pouvoir ni répondre à leur appel ni leur donner les motifs de cette abstention forcée. Une seule fois, le 7 novembre 1873, il s'est présenté dans la 2e commission sur la demande écrite de son honorable président; mais il avait pris le soin de solliciter le même jour une autorisation officielle qui lui avait été accordée, il est vrai, mais à charge de rendre compte de ce qui se serait passé. Ce compte a été rendu, en effet, dans une lettre en date du 10 novembre 1873.

Cette lettre, dans laquelle il ne pouvait évidemment être question de délations hors de propos, faisait connaître qu'au sein de la commission du Conseil général il ne s'était passé que des faits naturels, honorables et nullement suspects. Pouvait-il s'en passer d'autre nature dans une pareille réunion composée des hommes les plus respectables, mandataires élus de la population parisienne et départementale ?

Si dans quelques affaires de haute importance, telles que la réorganisation du service vicinal, l'examen du projet du pont de Suresnes dont tout le Conseil général a gardé le souvenir, celui de la voie industrielle autour de Paris, entre autres, l'administration a pu voir avec regret triompher dans le Conseil une opinion contraire à la sienne propre, est-ce bien à l'auteur de cet écrit qu'il serait juste de l'attribuer ? Assurément non, puisque, si l'on avait voulu accepter les conclusions des rapports présentés, au lieu d'en raturer quelques lignes comme cela est arrivé quelquefois, on aurait évité les échecs qui ont dû naturellement froisser certains amours-propres et les irriter injustement.

Quels peuvent être les autres fonctionnaires du département auxquels l'auteur de cet écrit aurait voulu causer un détriment quelconque ?

Assurément ce n'est pas dans le service municipal des travaux publics, dans celui des eaux et égouts, dans ceux de l'administration générale ou de l'instruction publique qu'il faudrait les chercher. Dans les uns, il n'existe à l'égard de l'auteur de cet écrit que des sympathies et des regrets. Dans les autres, il n'a jamais entretenu aucune relation d'aucune espèce.

Arrivons à M. l'ingénieur en chef du département et à ses ingénieurs ordinaires.

Avec ces derniers, la situation et le grade de l'agent voyer en chef interdisaient toute relation directe. Il devait se tenir et se tenait scrupuleusement à sa place, évitant avec soin tout rapport inutile dont on aurait pu se faire une arme contre lui.

Avec le premier, je dois en convenir, les rapports étaient peu agréables, mais pourquoi et à cause de quoi ont-ils pris ce caractère ?

Chacun de nous dira sans doute à l'autre que c'est lui qui a eu tort : les assertions des personnes ne sauraient donc résoudre la question ; mais il y a un moyen bien simple de la juger.

Entre l'ingénieur en chef investi du service vicinal et l'ingénieur en chef déshérité de ce service, il y a eu échange de correspondance. Or, si ce sont mes rapports avec ce dernier qu'on me reproche, qu'on veuille bien, pour savoir où se trouve la vérité, parcourir les écrits de l'un et de l'autre. On les retrouvera dans les archives du service vicinal.

On pourra ainsi constater de quel côté se trouvent le calme et les convenances, de quel côté au contraire se trouvent les paroles acerbes et autoritaires.

Ce moyen de s'éclairer est trop simple et trop démonstratif pour qu'il soit nécessaire de prolonger la discussion sur ce point.

D'ailleurs, pour chercher à mettre sa personnalité en évidence, il faut qu'on la juge inférieure à celle de la personne en face de laquelle on est placé. Or, ici, que trouve-t-on ? Deux chefs de service en présence l'un de l'autre, c'est-à-dire deux personnalités qui se valent, sinon par le caractère, au moins par l'investiture administrative ; car je ne sache pas qu'il ait été décrété nulle part que le service des chemins vicinaux soit, en quoi que ce soit, subordonné à celui des routes départementales.

De messieurs les sous-préfets, que dire, sinon que les uns sont restés les amis de l'auteur de cet écrit, que les autres n'ont fait que passer ? L'un d'eux cependant mérite une mention spéciale au sujet d'un certain rapport qui semble vouloir incriminer le chef du service vicinal au point de vue po-litique. Dans ce rapport, on faisait un crime au chef du ser-vice vicinal, et peut-être même à ce service tout entier, de ce qu'un cantonnier, le dimanche, jour de liberté pour lui, et dé-pouillé de ses insignes administratifs, avait tenu à la main, à la porte de la mairie de Charenton, moyennant un salaire de 5 francs, des bulletins *Barodet.* Si l'agent voyer en chef dont la politique, en matière de service, n'est autre que celle consis-tant à faire de bons, solides et économiques travaux, avait pu deviner l'intention de ce modeste ouvrier, il n'aurait pas man-qué de lui donner de paternels conseils; mais l'agent voyer en chef ignorait absolument cet incident; il n'en a été averti que plus de six mois après.

Disons d'ailleurs, en dehors de toute pensée politique, que l'ouvrier dont il s'agit a reçu, peu après, un témoignage offi-ciel de satisfaction préfectorale pour un acte de courageux dé-vouement.

Plus tard, un jour d'adjudication à Sceaux, alors qu'un grand nombre de maires et d'entrepreneurs attendaient M. le sous-préfet, président du bureau, absent pour un motif ignoré, la majorité des personnes présentes exprima le regret de cette absence imprévue. Le remplaçant de M. le sous - préfet, tardi-vement prévenu, n'arrivait pas, ce qui est fort naturel, et l'ad-judication, compromise, allait être ajournée faute de président, lorsque dans un but de conciliation et de l'avis unanime de messieurs les maires et entrepreneurs présents, l'agent voyer en chef pensa que le mieux consistait à procéder à l'adjudication.

Le même jour encore, il est vrai, un maire s'étant plaint de ce que les plans d'alignement de sa commune n'étaient pas en-core mis à l'enquête, il lui fut observé que le service vicinal avait fourni ces plans depuis plus d'une année. En les recher-chant un instant, ils furent retrouvés, empilés avec bien d'au-tres, en un bureau de la Sous-Préfecture. Assurément l'agent voyer en chef ne dissimulera pas que, devant les personnes présentes, il exprima tout haut le regret de voir conserver si longtemps dans les bureaux des plans établis au prix de laborieux efforts et de dépenses spéciales, alors que quelques minutes suffisaient pour les soumettre aux enquêtes, en l'absence desquelles aucune approbation ne peut leur être donnée.

Enfin, dans un dîner d'amis et devant un nombreux auditoire, M. le sous-préfet s'est plaint de ce que les cantonniers d'un chemin vicinal ne le saluaient pas lorsqu'il passait en voiture sur le chemin où travaillaient ces ouvriers. Il semble fort naturel que M. le sous-préfet attache plus d'importance au salut hiérarchique qu'à la continuation du travail des cantonniers, et, bien qu'on lui ait fait observer que ces ouvriers, ne le connaissant sans doute pas, étaient peut-être excusables de ne pas lui rendre les honneurs que l'agent voyer en chef ne lui marchandait pas, il a été donné, dès le lendemain, des ordres officiels pour que, dans toute occasion, les cantonniers saluassent M. le sous-préfet.

Croira-t-on de bonne foi que ces faits soient de nature à démontrer que l'auteur de cet écrit ait voulu mettre sa personnalité en vue au détriment des autres fonctionnaires de la Préfecture? Si tel était l'avis de l'administration, il regretterait sincèrement de ne pas le partager.

Ce qui est exact et vrai, c'est que, faisant bien son service, ce qui n'était pas précisément l'habitude, cette personnalité, si tant est qu'elle ait existé, s'est créée toute seule, d'elle-même, sous l'influence d'un travail persévérant, et que s'il est résulté de là un détriment pour quelques personnes, ce qui est contestable, ce détriment n'est nullement le résultat des actes de l'agent voyer en chef, mais le résultat de sa constante application.

VII

Serait-ce parce que l'agent voyer en chef aurait oublié souvent les règles de la hiérarchie ?

Q'est-ce que la hiérarchie, si ce n'est une coordination entre les divers grâdes, qui doit régner de bas en haut aussi bien que de haut en bas ? Et y a-t-il rien de plus hiérarchique, lorsque le chef n'est pas satisfait des allures de son subordonné, que de l'en prévenir franchement et de ne pas lui laisser ignorer que, dans le cas où il ne croirait pas devoir modifier les siennes, une séparation deviendrait nécessaire ? N'est-ce pas manquer quelque peu aux règles hiérarchiques, que de frapper, dans le court espace de quarante-huit heures, sans apporter de motifs, sans avertissement préalable, le chef d'un service important, le membre d'un corps honorable comme celui des ponts et chaussées et de le congédier inopinément, en laissant peser sur lui la plus injurieuse suspicion ? N'est-ce pas manquer à la fois, par une semblable conduite, non-seulement aux convenances hiérarchiques, mais encore à celles que doit un esprit qui se respecte, soit à l'individu, soit au corps auquel cet individu appartient, surtout alors que la solidarité qui en relie tous les membres est assise sur les plus respectables fondements ?

L'auteur de cet écrit ne craint pas de porter le défi qu'on puisse .citer aucun fait, aucune présomption même, capable de prouver à sa charge un manquement hiérarchique, et il dit présomption, parce qu'il faut tout prévoir, même la théorie de la complicité morale.

Que si de pareils faits existent, qu'on les fasse connaître, qu'on les précise; qu'on cesse de garder un silence commode peut-être pour celui qui frappe, mais souverainement injuste pour celui qui est frappé.

N'est-ce pas en effet sacrifier outre mesure à la hiérarchie que d'adresser au directeur des travaux le tableau préparé des notes personnelles qui devaient être données à l'agent voyer en chef, non par ce directeur, mais par M. le Préfet ?

N'est-ce pas hiérarchique que d'avoir subi sans récriminations, mais non sans froissement, des notes et des appréciations qui ne se bornent pas à frapper le fonctionnaire, mais qui portent atteinte à la considération de l'homme privé ?

Et ce ne sont pas ici de vaines suppositions. J'affirme que j'ai tout vu, tout lu, et qu'essayer une dénégation est chose absolument impossible.

Que l'on compare ces notes inqualifiables avec celles des chefs honorables sous les ordres desquels l'auteur de cet écrit s'honore d'avoir été placé, et l'on comprendra combien, après plus de 25 années d'honorables services, il a fallu de courage pour supporter sans mot dire, et pendant trois années, des appréciations qui semblent avoir été conçues en vue de compromettre une carrière honnêtement remplie et un avenir préparé par tant de laborieux efforts.

N'est-ce pas hiérarchique de s'être soumis sans plainte et sans découragement à des instructions qui, substituant je ne sais quelle pensée secrète aux véritables intérêts du département, défendaient à celui qui dirige le service vicinal d'avoir le moindre contact avec les membres du Conseil appelés à statuer sur les besoins de ce service ?

N'est-ce pas hiérarchique d'avoir, sans réclamation et sur ordre, laissé modifier le premier rapport au Conseil général dont on a déchiré la dernière partie sans m'avoir prévenu, et les projets de budget annuels ?

N'est-ce pas hiérarchique d'avoir accepté, muet et résigné, certaines décisions que, j'en conviens, M. le Préfet avait le droit de prendre, mais qui, contraires à l'avis de l'agent voyer en chef, étaient évidemment de nature à faire naître de très-concevables susceptibilités ?

N'est-ce pas hiérarchique que de se faire modeste, résigné, que d'accepter sans se plaindre toutes les amertumes, alors que l'on se sent fort par le courage et par les services rendus, impeccable de tous points et aussi irréprochable assurément que l'arbitraire peut être puissant?

L'auteur l'atteste et met au défi de prouver le contraire : il a toujours été, à l'excès, scrupuleux observateur des règles de la hiérarchie, et il a eu d'autant plus de mérite à rester tel que l'on a fait, sans pouvoir y parvenir, toutes les tentatives pour l'exciter à les enfreindre.

VII

Serait-ce parce que l'auteur serait devenu un sérieux embarras pour l'Administration préfectorale, parce que les officiers du génie auraient refusé de conférer avec lui et parce que les Ingénieurs des Compagnies de chemins de fer auraient manifesté des répugnances à entrer en relations avec lui?

L'auteur a trop de respect pour l'Administration préfectorale et trop de foi dans la fermeté de cette Administration pour admettre un seul instant que l'agent voyer en chef devienne un embarras aux yeux de M. le Préfet de la Seine. Si cette Administration est toujours franche, loyale et uniquement inspirée par l'intérêt public, comment pourrait-elle d'ailleurs être gênée par un modeste fonctionnaire dont la seule ambition était de l'aider à remplir ces conditions en les remplissant lui-même de son mieux ? L'auteur a-t-il causé à l'Administration préfectorale ainsi définie le plus léger embarras ? Assurément non. Si des embarras sont survenus, et on les compterait aisément, tous, sans en excepter un seul, sont nés en dehors de la coopération du service vicinal.

Que l'on relise les délibérations du Conseil général et l'on n'y trouvera aucune discussion dont ce service ait été le promoteur ou l'artisan. S'il y a eu des décisions contraires aux propositions préfectorales, il faut bien convenir qu'elles n'étaient aucunement motivées par les avis demandés à l'agent voyer en chef et conciencieusement fournis par lui.

Peut-on en dire autant des autres services environnants et similaires? Le projet de la voie industrielle rejeté en 1873 n'avait-il pas été préparé par un autre service tandis que celui adopté en 1874 était l'œuvre de la vicinalité ?

Les projets du pont d'Argenteuil, du redressement de la route départementale n° 50, à Saint-Maurice, de la rectification de la route départementale n° 54, rejetés en 1873 et 1874, n'avaient-ils pas été conçus et préparés par un service autre que le service vicinal ?

Il faut rendre à M. le Préfet, d'ailleurs assez inconscient des choses, cette justice qu'inspiré par ses conseillers, il a, le plus souvent, présenté au Conseil général les projets tels que les lui adressait l'agent voyer en chef ; mais il faut également convenir que, s'il les présentait tels, c'est qu'il les jugeait bons, et que s'ils étaient adoptés également, le plus souvent sans discussion, son administration n'en éprouvait pas le plus mince embarras.

Quant à ses relations avec le génie militaire, l'auteur ne se souvient nullement qu'elles aient été la cause du moindre démêlé. Ce service aurait-il oublié le concours efficace et dévoué que, comme tous les Ingénieurs des ponts et chaussées, l'auteur de cet écrit lui avait prêté pendant le siége de Paris, se faisant des premiers l'ouvrier et l'auxiliaire de ses officiers ? Jamais donc ce service n'a refusé de conférer officieusement avec l'agent voyer en chef.

Officiellement c'est autre chose, et cela parce que, aux termes de la loi, c'est aux ingénieurs du service ordinaire du département *seuls* qu'est dévolue la tâche de conférer *officiellement* avec le génie militaire, les autres services entendus. L'auteur de cet écrit n'était donc pas plus en droit de le faire que ne le sont les ingénieurs de la navigation, des chemins de fer, du service municipal ou tous autres ; mais il a toujours entretenu avec les officiers du génie les relations les plus courtoises. Il a toujours été d'accord avec eux, notamment au sujet de la voie industrielle dont on lui avait confié l'étude avec l'idée assez probable d'en confier l'exécution à un autre service. Si M. le Préfet lui-même a proposé au Conseil général le classement de cette voie dans la grande vicinalité, classement sur lequel il ne pouvait être statué sans qu'il en eût pris l'initiative, n'est-ce pas de lui et non de l'agent voyer en chef qu'est né l'embarras dans lequel on s'est trouvé en essayant d'obtenir, le lendemain, le rejet d'un classement que l'Administration même avait provoqué la veille au Conseil général ?

Les officiers du génie étaient si peu disposés à combattre l'opinion de l'agent voyer en chef que, dans la seule occasion où un désaccord est survenu, dans la conférence tenue par l'intermédiaire des ingénieurs du service ordinaire, au sujet du chemin vicinal n° 32 bis, le directeur des fortifications a conclu en sa faveur et a fait triompher son opinion, à l'incontestable avantage des intérêts départementaux.

Pour ce qui est de MM. les ingénieurs des compagnies de chemins de fer, tous ont conféré avec l'agent voyer en chef de la meilleure grâce, et celui-ci a remporté des courts instants de contact que ces conférences ont motivés les souvenirs de la plus grande courtoisie. Un seul d'entre eux (il n'est pas nécessaire de le nommer), qui a à se reprocher d'avoir reçu impoliment l'agent voyer en chef, a pu rejeter sur celui-ci le blâme que lui-même aurait dû encourir. D'ailleurs, si la conférence verbale n'a pu avoir lieu, elle a été tenue par écrit avec le service vicinal, comme il est aisé de s'en assurer, et la présentation du projet ne s'est nullement ressentie de cet incident personnel et nullement imputable à l'agent voyer en chef.

Il n'y a donc eu nulle part refus de conférer ; partout, au contraire on a conféré, tantôt officiellement lorsque cela était possible, tantôt officieusement lorsque les règlements ne permettaient pas une autre forme, et personne ne peut assurément fournir la preuve du contraire.

Quant à la répugnance, si, ce qu'à Dieu ne plaise, un pareil mot avait été écrit, on permettrait sans doute à l'auteur de cet opuscule de faire observer seulement que ce mot malsonnant ne pourrait avoir pour effet que d'apporter de nouvelles preuves à l'appui d'une irritation non motivée et toujours très-regrettable, surtout en administration. Si, ce que je n'admets certainement pas, quelqu'un à la préfecture de la Seine méritait cette épithète, ce n'est pas à coup sûr celui qui écrit ces lignes.

N'insistons pas d'ailleurs sur un mot malheureux, et constatons seulement une fois de plus que nul embarras pour l'administration, si petit qu'on puisse l'imaginer, n'a été l'ouvrage de l'auteur, n'a surgi par sa faute ou par ses suggestions.

Il faut pourtant s'entendre, et après s'être dégagé sur un point, s'accuser réellement sur un autre.

L'auteur avouera donc très-sincèrement qu'il a dû créer, sinon des embarras, au moins du travail et des ennuis au bureau des travaux et surtout à celui des communes, en essayant de les contraindre tous les deux, à suivre la voie régulière et laborieuse inaugurée dès le début.

Au premier, le service vicinal créait un grand surcroît de labeur par l'envoi de trop nombreux projets; du second, il obtenait avec effort les éléments indispensables pour rendre aussi sincères que possible les renseignements statistiques exigés par M. le Ministre de l'Intérieur, et jusqu'alors si inexacts qu'il est difficile de comprendre comment on les rédigeait. L'agent voyer en chef obtenait également les budgets primitifs, supplémentaires, et les comptes de chaque commune qui, avant lui, n'avaient jamais été communiqués au service vicinal. On pouvait, grâce à ces documents, rectifier les imputations, comparer les dépenses aux ressources, et dissiper les ténèbres au milieu desquelles flottait, avant son entrée en fonctions, l'esprit de chaque agent voyer de canton. L'auteur de cet écrit obtenait enfin, sinon le chiffre exact des prestations, au moins des renseignements sur cet article important des ressources. Est-ce parce qu'il commençait à ouvrir les yeux de chacun à la lumière qu'on a jugé opportun de mettre un terme à ses révélations?

Si quelqu'un appelle tout cela créer des embarras sérieux à l'administration, l'auteur ne sera pas de son avis, et la majorité sera sans doute avec lui.

Le véritable embarras naît des ténèbres, non de celui qui, dans un louable but, cherche à les dissiper.

Si quelques hommes du personnel de la préfecture de la Seine ne restaient pas au-dessous de leur tâche, il n'y aurait plus de ténèbres ni par conséquent d'embarras. Ceux-ci, dans tous les cas, ne sauraient être, en aucune façon, le fait d'un chef de service uniquement désireux de précision et de clarté, mais bien de ceux qui, n'ayant jamais été soucieux d'y voir clair, ne s'expliquent pas trop la nécessité de changer les anciens errements et considèrent comme un homme gênant celui qui s'applique à les améliorer.

IX

Serait-ce parce que, tout ce qui précède étant vrai, M. le Préfet ne pouvait plus avoir en moi la moindre confiance et parce que, loin de seconder les vues de son administration, je les aurais contrecarrées par mes agissements?

Pas la moindre confiance! Le mot est dur assurément et m'affligerait profondément s'il était justifié. L'origine du mot, par bonheur, me console, et je n'y reviendrai plus si ce n'est pour affirmer qu'il n'y a jamais rien eu dans ma pensée, dans mes paroles et dans mes actes, qui ait pu donner à qui que ce soit le droit de me refuser son estime et même sa confiance.

Pourquoi, en outre, l'auteur de cet écrit, simple et modeste auxiliaire, sans désir de briller, sans autre ambition que celle de faire bien son service, d'encourager ses collaborateurs, de recueillir de la bouche des maires, des conseillers d'arrondissement et généraux le témoignage de leur satisfaction, aurait-il pu songer à créer à M. le Préfet de la Seine l'ombre d'une difficulté? Est-ce que l'auteur est un ambitieux ou un inintelligent? Pareille allégation ne peut se soutenir qu'au prix de ce dilemme ; or l'auteur n'est pas assurément l'un et il ne croit pas être l'autre.

Pour contrecarrer un préfet, il faut avoir des motifs ; or les trois années de service de l'agent voyer en chef sont là pour attester qu'il n'a eu d'autre but que celui de rester là où il était, et d'administrer avec droiture, franchise, célérité, justice ; il serait bien singulier, on en conviendra, qu'un tel but ne fût pas considéré comme des plus honorables et plus singulier encore de trouver une administration qui le déclarerait répréhensible.

C'est donc, je le déclare en terminant, à toute autre chose que l'ambition ou les intrigues de l'agent voyer en chef qu'il faut attribuer les causes, qui, dit-on, sont venues contrarier les vues préfectorales.

Quelles sont ces causes ? Je n'ai pas à les rechercher ; mais ce que je désire connaître, ce sont les motifs de ma révocation.

Depuis huit mois je les ai vainement demandés : or il paraît qu'ils sont bien difficiles à trouver puisque, jusqu'à présent, on a été dans l'impossibilité de les articuler.

J'affirme absolument la vérité des faits énoncés dans cet écrit ; s'ils ne sont pas exacts de tous points, je provoque un démenti ; mais qu'on y prenne garde, je suis homme à en apporter les preuves et à fournir les documents capables de les justifier.

X

Telles sont les simples questions que s'est posées la conscience de l'auteur de cet écrit, et dont la solution lui paraît de nature à rendre plus obscur que jamais, en face du silence qui lui est opposé, le problème qu'il a cherché vainement à résoudre ; silence que le dédain ne saurait excuser ni rendre moins coupable. Le silence est, en effet, plus facile aux puissants que la preuve de leur droiture, et ne saurait justifier, à quelque point de vue qu'on se place, les actes de leur omnipotence.

Il y aurait plus de dignité dans la force, de franchise outrée dans l'iniquité, à déclarer qu'on ne veut pas de ceux qui ont gardé le culte de la conciliation envers les administrés, du franc et loyal exposé des affaires, qui préfèrent l'impartial et ouvert examen aux réticences calculées, aux réserves tortueuses, aux combinaisons ambiguës ; fausse et triste habileté qui peut s'imposer quelque temps par l'ignorance ou par la crainte, mais qui exclut l'affectueuse estime et la solide considération dont on est toujours entouré lorsqu'on est accessible à tout le monde et que, sans déserter en aucune façon les intérêts qu'on a la mission de défendre, on s'inspire uniquement de la loyauté, de la droiture, de la justice et du bon sens !

CONCLUSION

Si l'ignorance dans laquelle, malgré mes instantes démarches, on m'a laissé jusqu'ici des motifs pour lesquels j'ai été expulsé du service vicinal, m'a mis dans l'obligation d'avoir recours à d'assez longs développements, il n'en sera pas de même pour mes conclusions.

Celles-ci seront simples et catégoriques.

Je n'ai pas besoin de dire qu'en m'adressant au Conseil général, mon intention n'est pas et ne saurait être de le faire intervenir dans une question de personnes. A cet égard, la volonté de M. le Préfet est souveraine. Il a agi dans la plénitude de son droit. Je n'apprécie pas l'usage qu'il en a fait ; je m'incline devant sa toute-puissance, et je ne demande à personne de se placer entre lui et moi pour contester ses prérogatives.

Seulement, il m'est bien permis de rechercher pourquoi j'ai pu être frappé, car il m'importe au premier chef qu'il soit reconnu par tout le monde et parfaitement établi que, ni mon zèle pour le service, ni mon dévouement pour sauvegarder tous les intérêts confiés à ma vigilance, n'ont jamais été l'objet ni d'une attaque ni de la plus légère suspicion de la part de ceux-là mêmes qui ont si brusquement prononcé mon renvoi.

N'ayant pu, malgré mes sollicitations pressantes, obtenir cette déclaration, force m'a été de recourir à la publicité, et en le faisant, je déclare que si l'on s'obstine plus longtemps à ne pas me répondre, je considérerai ce silence comme l'aveu direct et formel, de la part de M. le Préfet, que je me suis conduit, dans le service vicinal, comme partout ailleurs, en administrateur loyal et dévoué, et que ce n'est pour aucun motif professionnel que j'ai été arraché à mes fonctions ; d'où le public sera parfaitement en droit de conclure que si l'on se tait sur les véritables motifs de ma révocation, c'est qu'il y a sans doute quelque difficulté véritable à en trouver la formule.

C'est simplement sur les suites de cette révocation que je viens, avec une respectueuse confiance, appeler l'attention et les délibérations du Conseil général, suites au sujet desquelles sa compétence, ainsi qu'on va le voir, est tout à fait indiscutable.

Je n'ai pas été frappé par voie disciplinaire ; le fait est indéniable et ne sera d'ailleurs contesté par personne. Il y a eu ici simple substitution d'un chef de service à un autre, et ce, par une volonté subite, personnelle, souveraine, mais non encore justifiée.

Or, il n'est pas admissible qu'un fonctionnaire honorable et qui n'a pas démérité, auquel on n'adresse aucun reproche, qu'on arrache à ses fonctions par le simple motif qu'il parait ne pas entrer dans les vues personnelles de M. le préfet de les lui voir continuer, il n'est pas admissible, dis-je, que ce fonctionnaire puisse, à la suite de telles circonstances, subir un dommage quelconque. On peut renoncer à lui, et on le fait, puisqu'on en a le droit strict ; mais ne serait-il pas souverainement injuste de le frapper d'une pénalité rigoureuse, de le mettre en interdit jusqu'à nouvel ordre, parce que sa personne n'a pas eu l'heureuse chance de satisfaire aux conditions si capricieuses, si difficiles à préciser, desquelles dépendent et les sentiments sympathiques et les préférences personnelles d'un préfet ou de son entourage ?

Telle est cependant la situation pénible dans laquelle se trouve, depuis le 1er février 1875, l'ancien agent voyer en chef du département de la Seine. Depuis cette époque, il ne reçoit aucun traitement. Sa position est celle d'un fonctionnaire révoqué, rejeté de l'administration comme indigne.

M. le Préfet, en écrivant à M. le Ministre des travaux publics qu'il remettait l'auteur de cet écrit à sa disposition, a cru avoir rempli tous ses devoirs de justicier ; mais M. le Ministre ne l'a pas pensé ainsi, et, à la date du 16 mars dernier, il m'a adressé à ce sujet une dépêche qui contient le passage suivant :

« M. le Préfet vous ayant remis à ma disposition, je vais
« chercher les moyens de vous donner en province un emploi
« de votre grade ; mais, jusqu'à ce que j'aie pu vous replacer,
« votre traitement devrait, à moins de circonstances spéciales
« dont M. le Préfet de la Seine doit être seul juge, être à la
« charge du département ; il appartient d'ailleurs à ce magis-
« trat de traiter directement cette question avec vous. »

Conformément aux instructions contenues dans ce passage de la lettre ministérielle, je me suis mis en rapport avec M. le Préfet, qui, dans une lettre du 17 avril, n'admet pas la manière de voir de M. le Ministre.

On conçoit que ce n'est pas à moi à décider qui a tort ou raison ; il s'agit ici d'une question de principe que je n'ai pas à discuter, et qui sera nécessairement soumise au Conseil général. D'ailleurs, M. le Préfet a cru devoir m'opposer une fin de non-recevoir fondée sur ce qu'il lui serait impossible de me donner satisfaction, à cause de la situation des crédits du personnel vicinal, qui sont strictement suffisants pour les besoins normaux de ce service, de sorte que, même alors que l'opinion de M. le Ministre viendrait à prévaloir, M. le Préfet, faute de crédit, pourrait continuer à s'appuyer sur une impossibilité budgétaire pour repousser mes légitimes revendications.

Je viens donc solliciter du Conseil général, après un examen sérieux des circonstances de cette affaire, une délibération qui mette à couvert mon honorabilité personnelle, qui constate explicitement les services rendus au département de la Seine pendant trois années d'une gestion aussi irréprochable que laborieuse et dévouée, et qui inscrive au budget départemental le crédit nécessaire pour faire face à mon traitement d'agent voyer en chef depuis l'époque de mon renvoi jusqu'à ce que M. le Ministre des travaux publics m'ait pourvu d'un emploi dans les cadres d'activité du corps des ponts et chaussées.

J'attends avec une entière et respectueuse confiance le verdict du Conseil général qui m'a toujours honoré de son approbation, et qui a pu apprécier, en toute circonstance, mon zèle et mon dévouement absolu aux intérêts du département de la Seine.

J. BELLOM.

2762. 75. — Boulogne (Seine). — Imp. JULES BOYER. — Adm. 11, r. Nve-St-Augustin, Paris.

SOLUTION

Le lecteur qui connaît l'économie de la loi du 21 mai 1836 et les limites de la compétence des Conseils généraux ne sera pas surpris de ma conclusion.

En me voyant poser la question budgétaire, la seule dont le Conseil général pût être utilement saisi, personne ne se méprendra sur mes intentions véritables. Il s'agissait ici d'une question d'honneur bien autrement élevée à mes yeux qu'une question d'argent, mais inséparable de cette dernière. Il fallait, en effet, permettre légalement au Conseil général de se prononcer entre deux personnalités ; l'une toute-puissante, entourée de nombreux et ardents satellites, pouvant à chaque instant, par des combinaisons habiles et subites, faire absoudre un acte d'omnipotence qu'on refusait de justifier ; l'autre isolée, contrainte de soutenir avec la modération qui convient au bon droit, mais qui nuit quelquefois au succès, la thèse du respect des situations acquises et de la justice en matière administrative. Il fallait enfin déjouer, en cours d'instance, les insinuations, les faux-fuyants adroitement préparés, les propositions insidieuses qui pouvaient dénaturer le caractère de la réhabilitation que je sollicitais ou lui donner un sens contraire à la netteté de mes intentions.

Lorsque, dans les chapitres qui précèdent, je recherchais les motifs de mon brusque renvoi, je n'ignorais pourtant point que ces motifs étaient absolument personnels et sans valeur ; car j'avais pour me guider la lettre que, le 7 décembre 1874, M. Ferdinand Duval avait adressée à mon insu à M. Caillaux, ministre des travaux publics. Cette lettre, dont un heureux hasard m'a fait connaître la teneur, s'exprimait ainsi qu'il suit :

« Paris, le 7 décembre 1874.

« MONSIEUR LE MINISTRE,

« L'un de vos prédécesseurs, a mis à la disposition du préfet de la Seine, pour remplir les fonctions d'agent voyer en chef du département de la Seine, M. Bellom, ingénieur des ponts et chaussées.

« M. Bellom, qui est un travailleur infatigable et un ingénieur distingué, a convenablement organisé le service de vicinalité du département, et je n'aurais qu'à me louer de ses services, si son caractère et la nature de son esprit répondaient à ses autres qualités.

« Malheureusement, M. Bellom, en vue de mettre sa personnalité en évidence, au détriment des autres fonctionnaires du département de la Seine, et en oubliant souvent les règles de la hiérarchie, est devenu un sérieux embarras pour mon administration ; c'est ainsi que les officiers du génie militaire, poussant à l'extrême l'usage de leurs droits, refusent de conférer avec M. Bellom. Les Ingénieurs de plusieurs compagnies de chemin de fer manifestent la même répugnance à entrer en relations avec cet ingénieur dans les nombreuses affaires où un examen commun est nécessaire pour éviter des difficultés.

« M. Bellom, loin de seconder les vues de mon administration, les a contrecarrées par ses agissements.

« Je ne puis donc, Monsieur le Ministre, avoir aucune confiance en M. Bellom qui, malgré les nombreuses qualités que je me plais à lui reconnaître et qui peuvent être utilisées dans un autre service, *est venu ajouter encore aux difficultés contre lesquelles mon administration est obligée de lutter et que les circonstances actuelles n'ont fait qu'accroître.*

« Dans cette situation, Monsieur le Ministre, je me vois forcé de remettre M. Bellom à votre disposition, en vous priant de l'attacher à un autre service auquel son activité et son ardeur au travail le rendent propre.

Veuillez agréer, etc.

Le Préfet de la Seine,

FERDINAND DUVAL.

Je n'ai pas eu de peine à réfuter au cours de cet écrit les accusations de cette lettre, accusations tellement vagues, tellement mal définies, pour ne pas dire plus, qu'un esprit sérieux daigne à peine s'y arrêter. Quand pour des motifs aussi puérils, aussi peu justifiés, aussi peu démontrés, aussi faux en un mot, on brise ou on laisse briser une carrière de trente années remplies par de bons et loyaux services dont on ne conteste pas d'ailleurs l'honorabilité, c'est qu'on a dans l'esprit autre chose que des sentiments de justice, de bonne foi et d'impartialité.

Livré par M. Caillaux, alors ministre des Travaux publics, à M. Ferdinand Duval, je me présentais donc devant le Conseil général de la Seine comme devant un jury d'honneur, seul, abandonné, n'ayant à mes côtés pour me défendre que mon courage obstiné, ma confiance en mon bon droit et mon espoir en sa justice.

Cet espoir n'a pas été déçu. Le Conseil général, en prononçant en ma faveur, entre M. Ferdinand Duval et moi, le verdict que je lui demandais, a fait bonne, sérieuse et complète justice, la meilleure et la plus honorable que je puisse désirer. Je l'en remercie, et je puis maintenant, à l'abri de sa délibération, regarder le front haut les ennemis qui m'ont injustement frappé.

Ce verdict néanmoins n'a pas été obtenu sans qu'il m'ait fallu lutter contre quelques-uns de ces compromis administratifs, si chers à ceux qui se sont mis dans une fausse position, et à l'aide desquels, lorsqu'ils ne sont pas déjoués, on parvient quelquefois à sortir d'un mauvais pas, en donnant à la solution obtenue par l'habileté des expédients un caractère ambigu dont le public a souvent quelque peine à démêler le véritable sens.

Le doute ici n'est pas possible pour le lecteur qui atteindra la fin de cet écrit et qui aura pu apprécier la netteté avec laquelle j'ai mis le Conseil général en mesure de prononcer entre M. Ferdinand Duval et moi.

A peine en effet cette brochure était-elle adressée à MM. les membres du Conseil général et déférée à l'examen de la deuxième commission, que l'immense majorité de celle-ci, après examen des faits de la cause, signait un projet de délibération ainsi conçu :

« Le Conseil général.

« Vu le mémoire qui lui a été adressé par M. Bellom, ancien agent voyer en chef du département de la Seine, au sujet de la mesure dont il a été victime ;

« Considérant que du 1er janvier 1872 au 1er février 1875, M. Bellom a été investi des fonctions d'agent voyer en chef du département de la Seine ; que pendant ces trois années, il les a remplies à l'entière satisfaction du ministre de l'Intérieur et du Conseil général de la Seine ; qu'il a organisé de la manière la plus remarquable le service vicinal où il a établi l'ordre, la régularité et les saines traditions ; qu'il a reconstruit sans aucun accident, et à la satisfaction générale les ponts détruits pendant la guerre ; qu'au milieu de ces nombreux travaux, il a su réaliser des économies importantes pour le département.

« Considérant que par tous ces motifs, et sans qu'il soit besoin de rechercher ceux qui ont inspiré l'administration préfectorale en le privant de son emploi, il y a lieu d'affirmer la parfaite honorabilité de M. Bellom, son dévouement absolu aux intérêts du département, les regrets qu'il laisse au Conseil général et de lui en donner un témoignage officiel,

« Délibère :

« Il est alloué à M. Bellom, ancien agent voyer en chef du département une somme de 10,000 francs à titre de témoignage de satisfaction du Conseil général de la Seine. »

Mais les plus simples convenances, toujours pratiquées avec raison par le Conseil, exigeaient que M. Ferdinand Duval fût appelé dans son sein pour donner des explications préalables, et, appelé en effet devant la deuxième commission, il débutait par un exorde habilement prémédité ; il ne laissait pas ignorer que l'auteur de cet écrit ne pouvait être l'objet d'aucun blâme administratif ; mais il répétait presque textuellement le contenu de sa lettre du 7 décembre 1874, alléguant pour motif de sa résolution une incompatibilité d'humeur qui reste encore à démontrer (car je n'ai jamais traité avec lui aucune affaire quelle qu'elle soit), et qui dans tous les cas ne saurait, alors même qu'elle serait démontrée, excuser la brutalité d'une mesure absolument sans précédent, et la compromission d'une carrière dont lui-même n'a pas osé contester les bons et honorables services. Il ajoutait, avec un semblant de bien tardive bienveillance qui serait ironique si elle n'eût été calculée, que lui-même était tout disposé à prendre l'initiative d'une proposition réparatrice, et qu'il l'aurait plustôt fait, si l'auteur de cet écrit, par la voie grâcieuse, avait fait appel à sa magnanimité.

M. Ferdinand Duval connaissait assurément bien mal celui dont il semblait attendre une semblable démarche.

Averti de cet incident, j'en fus indigné mais non surpris, et j'adressai sur l'heure à chacun de MM. les Conseillers généraux la note dont la teneur suit :

« Paris, le 10 novembre 1875.

« Monsieur le Conseiller général,

« J'ai appris que M. Ferdinand Duval, dans le but de donner à ma réclamation un caractère que je repousse absolument, a offert à la deuxième commission de prendre l'initiative des propositions à faire au Conseil général.

« Il y a dans cette affaire, si grave au point de vue des principes, si douloureuse et si dommageable au point de vue de ma personne, une solution que je ne saurais accepter : celle qui consisterait à devoir, en quelque sorte, ma réhabilitation à la main qui m'a injustement frappé, comme on frappe un malfaiteur.

« Cette réhabilitation, ce relèvement de mon honneur de fonctionnaire, je l'ai demandé au Conseil général que j'ai fidèlement servi, pour qui j'ai souffert, pour qui je suis frappé. A lui *seul* je veux la devoir s'il juge que j'en sois digne.

« Soucieux avant tout de la délicatesse et de l'honneur, je repousse donc absolument toute initiative de M. Ferdinand Duval, et je m'en réfère aux conclusions que la deuxième commission, saisie de cette affaire, présentera au Conseil général.

« J. BELLOM. »

C'était, comme on le voit, replacer la question sur son véritable terrain, celui de l'honorabilité, et la poser publiquement de la manière la plus catégorique.

Cette note était écrite le 10 novembre 1875, et le 13 du même mois, trois jours après, le Conseil général y répondait dans une séance dont on ne sera pas surpris que je ne puisse ici rappeler certains détails.

Voici, sans autres commentaires, le rapport de l'honorable M. Deligny, conseiller général, le résultat du vote et quelques extraits de la discussion capables d'en faire apprécier la portée :

« MESSIEURS,

« Le 13 décembre 1871, le Conseil général, usant du droit que lui confère la loi, décida la séparation du service vicinal de celui des routes départementales. En conséquence, le préfet de la Seine eut à pourvoir à la nomination d'un agent voyer en chef.

« La tâche du nouveau fonctionnaire devait être laborieuse et difficile, à tous égards. Au point de vue technique, un grand nombre de ponts et de travaux de première importance, faisant partie du réseau vicinal, avaient été détruits pendant la guerre, il fallait les reconstruire, et vous n'ignorez pas que, dans de semblables conditions, les reconstructions sont des opérations délicates et ardues qui réclament de l'ingénieur une prudence et une habileté consommées.

« Dans le domaine administratif, le nouveau chef devait faire preuve des qualités d'un organisateur pour monter un service nouveau et réunir tout un personnel avec cette sagace appréciation des hommes qui assure la bonne harmonie entre ceux qu'on appelle à collaborer. Il lui fallait, en outre, du tact, de la fermeté et de la prudence, pour vaincre le mauvais vouloir probable d'un côté, et établir les relations de son service avec des corps électifs nommés dans un esprit tout nouveau.

« L'agent voyer en chef, obligé à de fréquents contacts avec le service départemental, ne pouvait pas s'attendre à des sentiments d'une entière bienveillance de la part de ceux dont la décision du Conseil général venait de réduire le service ; il devait naturellement supporter les effets d'une rancune, trop dans la nature humaine pour que nous ayons droit de nous en étonner.

« D'autre part, l'agent voyer en chef devait bien se pénétrer des droits et du caractère des corps électifs avec lesquels son service allait le mettre en rapport, afin de seconder leurs vues, de prévoir leurs désirs, et de les satisfaire dans les limites d'une bonne administration.

« Le Préfet, alors à la tête du département, crut nécessaire de réclamer pour le poste d'agent voyer en chef, un ingénieur des ponts et chaussées. Cette nécessité était contestable, mais elle fut admise, et le choix tomba sur M. J. Bellom, mis à la disposition du Préfet par le ministre des Travaux publics.

« M. J. Bellom fut un peu traité en transfuge par ses anciens collègues, et rencontra une sympathie fort négative dans les services publics parallèles aux siens ; il surmonta toutefois pendant trois ans cette difficulté, et put organiser son service en personnel et matériel d'une manière très-satisfaisante.

« Il apporta une infatigable activité dans les travaux de reconstruction. D'autre part, ses rapports avec les Conseils municipaux furent excellents et, de son côté, le Conseil général n'a eu qu'à se louer de ses relations avec lui.

« Tout pouvait donc faire espérer au Conseil que le département ne devait pas être privé des services de ce fonctionnaire méritant, élevé dans l'intervalle au grade d'ingénieur en chef ; mais, dans la direction d'affaires aussi importantes que celles de notre département, il est indispensable qu'il existe entre les chefs de service une unité de vues et une bienveillance mutuelle qui évitent les conflits, ou du moins en diminuent l'acuïté. Cette heureuse condition subsista pendant trois ans. Elle n'a pu se maintenir ; nous avons le regret de le constater, et M. le Préfet a cru devoir remplacer M. Bellom par un autre ingénieur du même corps, qui répondît mieux aux vues de son administration. M. le Préfet a agi dans la limite stricte de ses attributions ; la deuxième commission est obligée de le reconnaître.

« Mais la situation particulière de M. Bellom, cessant d'une part ses fonctions dans la Seine et devant attendre ailleurs un emploi de son grade dans le service des ponts et chaussées, s'est trouvé trèssacrifiée. M. Bellom a cessé de recevoir un traitement dans la Seine avant d'en retrouver un autre ; cela aurait duré neuf à dix mois. M. Bellom, s'appuyant sur une lettre de M. le ministre des Travaux publics, a réclamé, par une pétition au Conseil, ses appointements et frais fixes jusqu'au jour de son remplacement.

« De son côté, M. le Préfet, tout en contestant le droit du ministre de faire rétribuer M. Bellom sur les fonds du département, a saisi le Conseil d'une proposition d'indemnité de 6,000 francs, « à raison « de la situation exceptionnelle de M. Bellom, en considération des « services qu'il a rendus au département, en faisant preuve de qua- « lités distinguées dans la direction de son service. »

« La proposition de M. le Préfet donne satisfaction, dans une certaine mesure, à la réclamation de l'ancien agent voyer en chef, en témoignant de *ses services rendus* et *de ses qualités distinguées*.

« Toutefois, votre deuxième commission ne croit pas devoir laisser s'établir le principe du droit à indemnité de la part d'un agent révoqué. Ce droit, appliqué souvent dans les affaires civiles, ne saurait l'être dans les affaires administratives, sans entraîner aux plus graves conséquences.

« D'autre part, votre deuxième Commission, sans vouloir contester à M. le Préfet l'usage qu'il a fait de son droit de révocation et l'opportunité de cet usage, désire ne pas laisser sans compensation les services rendus par M. Bellom, et reconnus par l'administration. Elle désire, en outre, lui donner le témoignage des excellents rapports qu'il a su maintenir avec les corps électifs du département, et notamment avec le Conseil général. En conséquence, elle a l'honneur de vous proposer d'allouer à M. Bellom la somme de 10,000 francs. Cette proposition si vous la sanctionnez, serait formulée comme suit :

« LE CONSEIL GÉNÉRAL,

« Vu la réclamation de M. Bellom, ancien agent voyer en chef du département, adressée au Conseil général ;

« Vu le mémoire en date du 11 novembre 1875, par lequel M. le Préfet de la Seine propose d'allouer à M. Bellom une somme de 6,000 francs, à titre d'indemnité,

« Délibère :

« ARTICLE UNIQUE. — Il y a lieu d'allouer à M. J. Bellom, ancien agent voyer en chef du département de la Seine, une somme de 10,000 francs, qui sera inscrite au budget ordinaire de 1876, sous le titre : Allocation à l'ancien agent voyer en chef du département. »

M. Ferdinand Duval, au cours de la discussion, estime que la divergence qui existe entre les conclusions de l'administration et celles de la commission ne paraît pas motivée ; la commission, en élevant le chiffre proposé par l'administration, change le caractère de l'allocation et ne peut avoir d'autre objet que de désapprouver la mesure que le Préfet, dans la plénitude de son droit, a cru devoir prendre lorsqu'il a remplacé M. Bellom dans les fonctions d'agent voyer en chef.

M. le président de la deuxième commission convient que M. Bellom ne peut, en droit, prétendre à aucune indemnité ; mais l'administration a reconnu que cet ingénieur avait rendu des services. La commission compte dans son sein plusieurs membres qui ont pu apprécier l'importance de ses services, et, sans vouloir en rien critiquer un acte d'administration, elle a cru pouvoir proposer en faveur de ce fonctionnaire un témoignage de son estime, sous forme de gratification. A ce point de vue, la commission ne tient pas, d'ailleurs, au chiffre qu'elle a proposé et elle se rallierait au chiffre de l'administration; mais il lui a semblé qu'il convenait de tenir compte à M. Bellom de ce que la mesure qui l'a frappé lui a causé un grand préjudice. En effet, après avoir été ingénieur en chef dans le département de la Seine, il a été envoyé, avec la même qualité dans le département de la Creuse. Le Conseil général se rappellera que M. Bellom a su s'acquitter d'une tâche difficile, en organisant le service vicinal dont le Conseil avait décidé la constitution distincte, contrairement à l'avis de l'administration.

M. Ferdinand Duval se félicite de ce que M. le président a posé nettement la question devant le Conseil. La commission, par l'organe de son président, reconnaît qu'elle a entendu accorder une gratification à un agent que l'administration a cru devoir relever de ses fonctions. Le Conseil ne peut manquer de comprendre la signification de la mesure qu'on lui propose de prendre. Il serait fâcheux que le Conseil parût donner à une allocation gracieuse proposée par l'administration, le sens et la portée non pas seulement d'un dédommagement, mais, en quelque sorte, d'une récompense. Il importe, au plus haut point, de ne pas compromettre, par un acte de ce genre, la confiance réciproque qui a présidé jusqu'ici aux relations du Conseil et de l'administration.

M. le président de la deuxième commission fait observer que, si la commission a eu la pensée d'accorder une gratification à M. Bellom, le mot n'est pas cependant écrit dans la délibération proposée par elle à l'adoption du Conseil, et que c'est dans un esprit de conciliation qu'elle a remplacé ce mot par celui d'allocation.

M. le président du Conseil général donne lecture du projet de délibération proposé par la deuxième commission.

Ce projet de délibération, mis aux voix, est adopté.

Le lecteur impartial appréciera le caractère de ce verdict.

Quant à moi, je passe sous silence bien des faits, bien des démarches hostiles inutilement tentées pour essayer de me fermer à Paris toute position nouvelle.

Je n'ai plus rien à ajouter si ce n'est à remercier le Conseil général de m'avoir pleinement réhabilité. Cette réhabilitation, prononcée par un Conseil élu, est et demeure à mes yeux, la plus haute des récompenses.

Mais il n'en est pas moins certain et regrettable, à un point de vue beaucoup plus élevé, que la volonté d'un seul, ni justifiée, ni approuvée, blâmée au contraire ouvertement, a suffi pour interrompre une longue et honorable carrière administrative, pour frapper impunément un innocent et pour priver l'Etat de services honnêtes, indépendants et dévoués, auxquels, jusqu'à ce jour, on n'avait pas hésité à reconnaître quelque mérite et même à décerner des encouragements officiels.